BEI GRIN MACHT SICH IHR WISSEN BEZAHLT

AF 137239

- Wir veröffentlichen Ihre Hausarbeit,
  Bachelor- und Masterarbeit

- Ihr eigenes eBook und Buch -
  weltweit in allen wichtigen Shops

- Verdienen Sie an jedem Verkauf

Jetzt bei www.GRIN.com hochladen und kostenlos publizieren

Das Scheitern der Planwirtschaft in der DDR

GRIN ☺

Bibliografische Information der Deutschen Nationalbibliothek:

Die Deutsche Nationalbibliothek verzeichnet diese Publikation in der Deutschen Nationalbibliografie; detaillierte bibliografische Daten sind im Internet über http://dnb.d-nb.de abrufbar.

ISBN: 9783346295538
Dieses Buch ist auch als E-Book erhältlich.

© GRIN Publishing GmbH
Nymphenburger Straße 86
80636 München

Alle Rechte vorbehalten

Druck und Bindung: Books on Demand GmbH, Norderstedt Germany
Gedruckt auf säurefreiem Papier aus verantwortungsvollen Quellen

Das vorliegende Werk wurde sorgfältig erarbeitet. Dennoch übernehmen Autoren und Verlag für die Richtigkeit von Angaben, Hinweisen, Links und Ratschlägen sowie eventuelle Druckfehler keine Haftung.

Das Buch bei GRIN: https://www.grin.com/document/955991

„Das Scheitern der Planwirtschaft in der DDR"

---------- 05.11.2019 ----------

Note: 15 Punkte (1,0)

Gliederung   Seitenzahl

1. Einleitung

1.1 Hinführung zum Thema

Im Sozialismus, einem primär von Karl Marx entworfenen Gesellschaftssystem, gibt es der Theorie nach gleichen Wohlstand für alle und eine stetig wachsende Wirtschaftsleistung. Die Gesellschaft steht unter der Herrschaft der Arbeiterklasse, der einfachen Leute. Obligatorisch ist hierbei eine zentral verwaltete Wirtschaft, in der Angebot und Nachfrage durch kollektive Absprache abgestimmt werden. Prominentester Vertreter der dieses System real umzusetzen versucht hat war die UdSSR, die *Union der Sozialistischen Sowjetrepubliken*. Nachdem Deutschland 1945 bedingungslos kapitulierte und somit der 2. Weltkrieg beendet war, wurde in der Sowjetischen Besatzungszone 1949 die DDR gegründet. Auch sie war ein sozialistischer Staat, der nach dem Prinzip der *Planwirtschaft* geleitet wurde. Im Westen waren die Produkte des Landes als größtenteils veraltet und von mäßiger Qualität bekannt. Die Bürger der DDR verdienten weniger als die der BRD und mussten beim Kauf vieler Produkte sowie bei der Wohnungssuche mit langen Wartezeiten rechnen. Beim Beitritt zur BRD im Jahre 1990 war die DDR hochverschuldet und ihre Industrieanlagen hoffnungslos veraltet. Man kann somit von einem Scheitern des Realsozialismus und der Planwirtschaft sprechen. Wenn heute der Sozialismus und ähnliche Systeme erneut als Alternative zum Kapitalismus ins Spiel gebracht werden, müssen die Gründe für das Scheitern der Planwirtschaft genauestens analysiert werden. Denn wenn dies nicht erfolgt, ist jeder erneute Versuch zwangsläufig von Beginn an zum Scheitern verurteilt.

1.2 Leitende Fragestellungen

Der wohl prominenteste Gegenentwurf zum Kapitalismus ist die sozialistische Planwirtschaft. In abgewandelter Form könnten damit theoretisch viele soziale und gesellschaftliche Probleme gelöst werden, auch der Klimawandel könnte in einem zentral gesteuerten System eventuell besser eingedämmt werden. Bekannterweise hat diese Wirtschaftsform in der Praxis jedoch nie funktioniert. Diese Arbeit erklärt, wieso die sozialistische Planwirtschaft bisher ausnahmslos scheiterte. Wichtig für das Verständnis ist auch die historische Entstehung des Konzepts und wie genau das Planungssystem im Realsozialismus aufgebaut war. Als exemplarisches Beispiel habe ich die DDR herangezogen, die mir, da ihr ehemaliges Gebiet heute zu Deutschland gehört, am passendsten erschien.

1.3 Methodische Vorgehensweise

Zur Beantwortung der Fragen ziehe ich ausschließlich deutschsprachige Primär- und Sekun-
därquellen heran. Sachliche Grundlage bilden zur Entwicklung der sozialistischen Planwirtschaft das im Nikol-Verlag erschienene Buch „Marx, Karl & Engels, Friedrich: *Das Manifest der
kommunistischen Partei*; Hamburg 2008." und zur Definition der Planwirtschaft das im Berlin-
Verlag erschienene Werk „Haase, E. Herwig: *Das Wirtschaftssystem der DDR – Eine Einführung*; Berlin 1990." und das im Springer-Verlag erschienene Buch „Prof. Dr. Šik, Ota: *Wirtschaftssysteme: Vergleiche – Theorie – Kritik*; Berlin 1987". Der Bearbeitung der Frage warum
das System gescheitert ist, lege ich neben den beiden letztgenannten Titeln primär „Dr. Obst,
Werner: *DDR-Wirtschaft: Modell und Wirklichkeit*; Hamburg 1973." , welches bei Hoffmann
und Campe erschienen ist, zu Grunde. Der Volkswirt Dr. Werner Obst war vor seiner Flucht in
die BRD 1969 selbst Mitglied des DDR-Planungsstabs und zuvor unter anderem Werkdirektor
in der DDR[1], was ihn als besonders wertvolle Quelle auszeichnet. Für Begriffsklärungen sowie
weiterführende Informationen und Daten greife ich auf verschiedene Internetseiten, Zei-
tungsartikel und Aufsätze zurück. Auf amerikanische Bücher und DDR-Literatur habe ich aufgrund propagandistischer Informationsverzerrungen in beide Richtungen nicht zurückgegrif-
fen. Die verwendeten Quellen sind meiner Beurteilung nach allesamt seriös. Die relevanten
Informationen aller verwendeten Werke stimmen soweit Überschneidungen vorhanden waren überein.

1.4 Kapitelübersicht

Nach der Hinführung zum Thema im ersten Kapitel betrachte ich im zweiten Kapitel die zum
Verständnis des Scheiterns notwendigen Grundlagen der Planwirtschaft. So erläutere ich im
ersten Kapitel die Marxsche Theorie, gemäß welcher der kapitalistische Staat mit der sozialistischen Revolution enden muss, wende mich daraufhin im zweiten Kapitel der Planwirtschaft
im Allgemeinen zu und beschreibe zum Schluss die Funktionsweise des Wirtschaftsplanungs-
systems der DDR. Im dritten Kapitel untersuche ich ausführlich das Scheitern des DDR-Wirt-
schaftssystems. Hierbei beleuchte ich sowohl ausschließlich ökonomische als auch politisch-
ökonomische Aspekte - wenngleich eine genaue Differenzierung schwerfällt, da in der DDR
Wirtschaft und Politik stark miteinander verbunden waren. Im vierten Kapitel ziehe ich ein

---

[1] https://www.ueberseeclub.de/resources/Server/pdf-Dateien/1985-1989/vortrag-1989-11
16Werner%20Obst.pdf, zuletzt aufgerufen am 04.11.2019.

Fazit, stelle hier den Bezug zwischen meinen leitenden Fragestellungen und den erarbeiteten Ergebnissen her und zeige weiterführende Fragestellungen auf.

2. Die Zentralverwaltungswirtschaft

2.1 Die Zentralverwaltungswirtschaft als essenzielles Wirtschaftsmodell im Sozialismus

> *„Mögen die herrschenden Klassen vor einer kommunistischen Revolution zittern. Die Proletarier haben nichts zu verlieren als ihre Ketten. Sie haben eine Welt zu gewinnen."*[2]

Das gesellschaftliche und wirtschaftliche System der DDR basierte auf dem Marxistischen Sozialismus. Diesen hat Karl Marx (1818 - 1883) in mehreren Schriften definiert, in welchen er erklärt, weshalb nach seiner Überzeugung zwangsläufig eine sozialistische Revolution stattfinden müsse, wie diese abliefe, und wie die resultierende kommunistische Gesellschaft aussähe. Die Kenntnis seiner Theorie ist Grundlage für das Verständnis des Wirtschaftssystems der DDR und dessen Scheitern.

Laut Marx ist die Gesellschaft seit jeher in „Klassen" aufgeteilt[3]: Unterdrückende und Unterdrückte. In diesem Klassensystem leben erstere auf Kosten der letzteren. Zwar hätten Revolutionen und gesellschaftliche Veränderungen neue Klassen hervorgebracht, doch sei diese Aufteilung der Gesellschaft immer vorhanden gewesen. Die sozialistische Revolution würde diese Klasseneinteilung selbst aufheben und das Ende gesellschaftlicher Umwälzungen bedeuten. Die Gesellschaft würde ihren idealen sozialistischen Zustand erreichen. Die Schritte zu dieser Revolution hat Marx folgendermaßen skizziert[4]:

Der kommunistischen Revolution müsse eine kapitalistische Revolution vorrausgehen[5], da diese erst die Notwendigkeit der kommunistischen selbst schaffe. Auch könne nur sie die Produktivkräfte[6] und Kommunikationswege ausreichend entwickeln, um die sozialistische Revolution zu ermöglichen. Dies sei bereits geschehen: In der feudalen Gesellschaft hätten sich

---

[2] Marx, Karl & Engels, Friedrich: *Das Manifest der kommunistischen Partei*; Hamburg 2008, S.95".
[3] (Marx & Engels, 2018, S. 42f).
[4] Bei der Beschreibung des Entstehens der sozialistischen Gesellschaft stütze ich mich mit Ausnahme weiterer Fußnoten vollständig auf (Marx & Engels, 2018, S.41-95).
[5] https://de.wikipedia.org/wiki/Zentralverwaltungswirtschaft, zuletzt aufgerufen am 28.10.2019.
[6] [Siehe Anhang: Begriffe 1].

Produktions- und Verkehrsmittel soweit entwickelt, dass die feudalen Eigentumsverhältnisse[7] den Produktivkräften nicht mehr entsprächen und die Produktion hemmten. In Folge würden sie zwangsläufig durch neue, kapitalistische Eigentumsverhältnisse ersetzt. Dieser Gedankengang ist durchaus nachvollziehbar: Feudale Produktionsformen waren bestenfalls in Form der Manufaktur, also der Arbeitsteilung innerhalb eines Betriebes organisiert. Meist erfolgte die Produktion jedoch ohne Teilung der Arbeit. Auch war dies Wirtschaften primär auf Selbstversorgung und nicht auf einen globalen Absatz ausgerichtet. Es basierte auf der Ausgabe von Lehen in Form von Land und Produktionsmitteln, auf welchen in kleinem Stil gewirtschaftet wurde. In diesem Ramen wurden kam die durch zwischenzeitlich erfolgten technischen Fortschritt ermöglichte Produktivkraft nicht zur Geltung. Folge war die Herausbildung einer neuen Klasse, des *Bürgertums*. Diese schöpfte genannte Produktivkräfte durch den Bau von Fabriken und die Etablierung und Nutzung eines großen, stetig wachsenden Absatzmarktes voll aus und konnte sich so schnell bereichern: „Erst sie hat bewiesen was die Tätigkeit der Menschen zustande bringen kann"[8]. Dies führte zur wirtschaftlichen Verdrängung des Feudalismus durch den marktwirtschaftlichen Kapitalismus. Marx brachte es folgendermaßen auf den Punkt:

„[Die feudalen Eigentumsverhältnisse] hemmten die Produktion, statt sie zu fördern. Sie verwandelten sich in ebenso viele Fesseln. Sie mussten gesprengt werden, sie wurden gesprengt."[9]

Infolge dieser Revolution, die zwangsläufig global passieren müsse da alle Nationen gezwungen wären sich die kapitalistischen Zivilisation anzueignen, um nicht unterzugehen[10], würden nach Marx zwei neue Klassen entstehen: Die Bourgeoisie und das Proletariat. Erstere seien die Unterdrücker und die Besitzer von Kapital und Produktionsmitteln[11], letztere die Unterdrückten, in der Gesellschaft die Position des *Lohnarbeiters* einnähmen. Diese würden sich zwangsläufig nach und nach organisieren und eine sozialistische Revolution von unten durchführen. Dies wird durch verschiedene Ansätze begründet.

---

[7] [Siehe Anhang: Begriffe 2].
[8] (Marx & Engels, 2018, S. 46).
[9] (vgl. Marx & Engels 2018, S.95).
[10] (Marx & Engels, 2018, S. 48).
[11] [Siehe Anhang: Begriffe 3].

Doch zuerst ist die Situation des proletarischen Lohnarbeiters nachzuvollziehen. Das Proletariat bildet gemäß Marx 90% der Gesellschaft[12]. Die Proletarier besäßen nichts. Somit seien sie, um zu überleben, auf Lohnarbeit für den bourgeoisen Großkapitalisten gezwungen, für welchen der Lohnarbeiter jedoch nichts anderes darstelle als ein Produktionswerkzeug, seine Arbeit nichts als eine Ware[13], die einen ebensolchen Umgang erfordere. Aufgrund der Konkurrenz der Arbeiter untereinander könne der Lohn auf das Existenzminimum, welches die Lebenserhaltung des Arbeiters und somit seine Funktion als Produktionswerkzeug gewährleiste, gedrückt werden. Dies hätte den sogenannten Pauperismus, also die Verelendung der Arbeiterschicht[14] zur Folge. Das Proletariat, welches lediglich einfache Handgriffe an Maschinen durchführe und somit beliebig ersetzbar sei, setze sich aus allen ehemaligen Gesellschaftsschichten zusammen, da aufgrund der hohen Produktivität und Wettbewerbsfähigkeit der Großkapitalisten kleinere Handwerker und Bauern vom Markt gedrängt würden und ins Proletariat absänken.[15]

Marx argumentiert nun, dass der Mehrwert der Arbeit, also die Differenz zwischen dem Wert der eingesetzten Arbeit und dem Wert der Produzierten Ware[16], ausschließlich dem Besitzer der Produktionsmittel zugutekäme. Dies sei als „offene Ausbeutung"[17] zu bezeichnen. Des Weiteren seien Arbeiter den Schwankungen der äußerst instabilen Märkte ausgesetzt: Sobald aufgrund einer Krise die Arbeit des Proletariers das Kapital der Bourgeoisie nicht mehr vermehre, wäre seine Existenzgrundlage zerstört. Denn in einer Krise könnten Produktionsmittelbesitzer lediglich Löhne kürzen, Arbeitnehmer entlassen oder neue Märkte erschließen; was übrigens auch bei der Rationalisierung, also des Ersatzes menschlicher Arbeitskraft durch Maschinen, passiere. Krisen entstünden allerdings sehr häufig[18], da aufgrund des Privateigentums an Produktionsmitteln nicht klar sei, wer wieviel produzieren müsse. Dies wird später näher erläutert. Auf eine zu starke Ausweitung der Produktionskapazitäten, also beispielsweise den Kauf neuer Maschinen, folge eine zu hohe Kapitalakkumulation, also einer zu hohen

---

[12] (Marx & Engels, 2018, S. 67).
[13] (Marx & Engels, 2018, S. 52).
[14] Definition entnommen von: https://de.m.wikipedia.org/wiki/Pauperismus, zuletzt aufgerufen am 28.10.2019.
[15] (Marx & Engels, 2018, S. 54).
[16] Details zum Mehrwert von: https://de.m.wikipedia.org/wiki/Kapitalismus,_Sozialismus_und_Demokratie, zuletzt aufgerufen am 28.10.2019.
[17] (Marx & Engels, 2018, S. S.46).
[18] Beschreibung des Zustandekommens einer Krise: https://de.wikipedia.org/wiki/Marxistische_Wirtschaftstheorie, zuletzt aufgerufen am 28.10.2019.

Menge in Produktionskapazität in Relation zur Nachfrage und somit eine Überproduktion. Folge sind einbrechende Profitraten und das Entstehen einer Krise.

Die Rolle des Staates bestehe laut Marx in der kapitalistischen Gesellschaft lediglich darin, als „Ausschuss [...] [die] gemeinschaftlichen Geschäfte [der Bourgeoisie]"[19] zu verwalten.

Folge dieser gesellschaftlichen Situation ist nach Marx der *Klassenkampf*.[20] Dieser ergebe sich aus der Vereinigung der Arbeiter in *Assoziationen*, welche durch moderne Kommunikations- und Transportmittel ermöglicht würde. Die Arbeiter würden nun geschlossen als eine Partei gegen die Klasse der Bourgeoisie auftreten. Da die Arbeiter letztlich die Mehrheit der Bevölkerung darstellen, und ohne die Lohnarbeiter die Grundlage für eine Kapitalvermehrung, also die Grundlage des kapitalistischen Systems, fehlen würde, folge die Einführung der Demokratie, also einer Herrschaft der Mehrheit, ergo eine "Diktatur des Proletariates"[21].

Nachdem die Bourgeoise nun also durch ihre Revolution enorme, bisher ungekannte Produktionskapazitäten geschaffen habe, folge die kommunistische Revolution. Die nun mächtigen Proletarier würden ihre Macht nutzen, um unter anderem folgende, von Marx skizzierten, jedoch je nach gesellschaftlichen Umständen variablen, Schritte durchzuführen[22]:

1. Enteignung von Grundeigentümern, Fabrikanten und Eisenbahnbesitzern
2. Einführung einer starken Progressivsteuer
3. Abschaffung des Erbrechtes
4. Zentralisierung des Kreditwesens durch eine staatliche Nationalbank mit Monopol
5. Zentralisierung des Transportwesens
6. Vermehrung der Nationalfabriken etc. die nach gesellschaftlichem Plan produzieren
7. Gleicher Arbeitszwang für alle, also jeder müsse alle ihm von der Gemeinschaft zugeteilten Arbeiten durchführen; niemand dürfe dauerhaft bessergestellt sein.

Nach Marx arbeitet die Wirtschaft in der postrevolutionären sozialistischen Gesellschaft ohne Privateigentum an Produktionsmitteln auf Basis eines gemeinschaftlichen Produktionsplanes. Der entstehende Mehrwert wird an alle Menschen gleich verteilt; die „Vorausplanung des gemeinsamen Bedarfs sowie Organisation und Aufteilung sollte [...] ein gemeinschaftlicher Akt

---

[19] (Marx & Engels, 2018, S. 45).
[20] (Marx & Engels, 2018, S. 56).
[21] Zitiert nach https://de.m.wikipedia.org/wiki/Sozialismus, zuletzt aufgerufen am 28.10.2019.
[22] (Marx & Engels, 2018, S. 75f).

aller Gesellschaftsteilnehmer sein"[23]. Auch wird gemäß Marx die Wirtschaftsleistung dadurch erheblich verbessert (siehe Kapitel 2.2). Konsequenz all dessen ist, dass die Aufteilung der Gesellschaft in Klassen erstmals auflöst und so das ideale Endstadium der gesellschaftlichen Entwicklung erreicht ist.

2.2 Die Idee der Zentralverwaltungswirtschaft als überlegenes Wirtschaftsmodel

Die Theorie der sozialistischen Planwirtschaft wurde von Marx nur minimalistisch ausgearbeitet, was eine genaue marxistische Definition erschwert. Folgende Fakten sind jedoch unstrittig:[24]

Die Planwirtschaft oder auch Zentralverwaltungswirtschaft (ZVW) ist eine Wirtschaftsordnung, in der Entscheidungen über die Nutzung knapper Ressourcen wie Arbeit, Boden und Kapital, von einer zentralen Instanz getroffen werden. Dies steht im Gegensatz zur Marktwirtschaft, in der diese Entscheidungen dezentral in Eigenverantwortung von einzelner Unternehmen getroffen werden. Zu unterscheiden sind sozialistische und kapitalistische Zentralverwaltungswirtschaften. Erstere basieren auf einem kollektiven bzw. staatlichen Eigentum an Produktionsmitteln, welche durch einen zentralen Plan vorgegebene Produktionsergebnisse hervorbringen sollen, letztere auf privatem Eigentum an Produktionsmitteln, wobei auch deren Besitzer zentral gestellte Planvorgaben zu erfüllen haben. Im Marxismus sprechen wir von einer sozialistischen ZVW. Zentral gesteuert erfolgt also die Abstimmung zwischen Angebot und Nachfrage, die Verteilung von Ressourcen und Kapital auf zentral verwaltete Produktionsbetriebe, sowie die Produktion von Investitions- und Konsumgütern und deren Verteilung. Auch die Löhne und Arbeitsstellen der Arbeiter sind vorgegeben.

In Kapitel 2.1 ist dargelegt, dass laut Marx in einer sozialistischen Gesellschaft nach Plan produziert wird. Jetzt gilt es darzustellen, warum die Zentralverwaltungswirtschaft der Theorie nach nicht nur die gemäß Marx ungerechte Aufteilung der Gesellschaft in Klasen auflöst, sondern auch effizienter als die Marktwirtschaft ist.

---

[23] https://de.wikipedia.org/wiki/Zentralverwaltungswirtschaft, zuletzt aufgerufen am 28.10.2019.
[24]Folgende Definition auf Basis von: https://de.wikipedia.org/wiki/Zentralverwaltungswirtschaft, zuletzt aufgerufen am 28.10.2019.

Laut Marx[25] führt eine marktwirtschaftliche Produktion zu Ineffizienz. Um dies zu verstehen, muss die Situation des einzelnen Unternehmens näher beleuchtet werden. Es steht nicht wie in der ZVW in enger Kooperation mit allen anderen Marktteilnehmern und ist daher nicht in der Lage, die gesamtgesellschaftliche Produktion und das Gesamteinkommen, also die Kaufkraft der Menschen, präzise einzuschätzen. Ebenfalls unbekannt sind ihm die nächsten Veränderungen der Produktionstechnik, Güter sowie der Preise durch andere Unternehmen. Das Zusammenspiel dieser Faktoren entscheidet jedoch letztlich über Angebot und Nachfrage. Logische Folge sind daher ungleiche Entwicklungen dieser beiden wirtschaftlichen Kerngrößen. Hat ein Unternehmen nun zu viel oder zu wenig produziert, also zu viel bzw. zu wenig Angebot für die gesellschaftliche Nachfrage geschaffen, ist seine einzige Korrekturmöglichkeit der Marktmechanismus, also die nachträgliche, auf die Produktion folgende Anpassung des Preises. Daraus resultiert einerseits eine nicht ausreichende Befriedigung der Bedürfnisse aller, da zum Teil zu wenig produziert und daraufhin der Preis erhöht wird, andererseits ergeben sich Überschüsse von Produkten, die in der produzierten Menge nicht benötigt und daraufhin vernichtet werden, sofern sie trotz sinkender Preise nicht gekauft werden. Dies ist eine Vergeudung von Arbeit und Kapital. Daraufhin wird erneut nachträglich die Produktion angepasst, nur um später wieder in Widerspruch mit der Nachfrage zu kommen.

Folglich sind - wie bereits dargestellt - wirtschaftlich ineffiziente Krisen und Konkurse in der Marktwirtschaft unausweichlich, welche zur Vernichtung von Produktionsgütern und Massenarbeitslosigkeit führen.

Der durch Marx beschriebene Effizienzvorteil der Planwirtschaft liegt somit auf der Hand. Bei einer gesamtgesellschaftlichen Planung der Produktion muss die Nachfrageänderung nicht mehr durch den „Umweg über den Markt"[26] festgestellt werden, sondern kann bereits vor der Produktion kollektiv abgestimmt werden. Über- bzw. Unterproduktion würden daher nicht mehr auftreten. Auch gäbe es keine wirtschaftlichen Krisen mehr, da wie dargestellt keine massive Überproduktion mehr vorkommt. Somit werden Phasen der Schwächung der Wirtschaftsleistung sowie der Arbeitslosigkeit verhindert. Auch wird durch die perfekte Abstimmung der Produktionsteilnehmer untereinander und mit den Konsumenten

---

[25]Bei der Darstellung der wirtschaftlichen Vorzüge der Planwirtschaft nach Marx beziehe ich mich auf „Prof. Dr. Šik, Ota: *Wirtschaftssysteme: Vergleiche – Theorie – Kritik*; Berlin 1987, S. 52-65".
[26] (Šik, 1987, S. 61; zitiert nach Marx, das Kapital III, 1894, S. 197).

Vollbeschäftigung und ein stetiges Wirtschaftswachstum, wobei hier Produktionssteigerung gemeint ist, erreicht.

Nicht nur Marx, auch andere Wirtschaftswissenschaftler beschrieben die Planwirtschaft als überlegen.[27]

So ist die theoretisch höhere Effizienz der Planwirtschaft nicht nur darin begründet, dass Über- und Unterproduktionen vermieden werden, sondern auch durch das Verhindern anderer Kapitalfehlleitungen. Das sind entweder Investitionen in Projekte und Produkte die letztlich nicht nachgefragt werden oder mehrfache Investitionen verschiedener Unternehmen in ein- und dasselbe bzw. äußerst ähnliche Produkte. Beides sind Verschwendungen von Arbeit und Produktivkraft, die in einer geplanten Wirtschaft nicht passieren würden, da die zentrale Planungsstelle über die gesamtgesellschaftliche Nachfrage und alle Produktentwicklungen informiert ist.

Durch die gerechtere Verteilung des Sozialprodukts und höhere Wirtschaftseffizienz in der Planwirtschaft wird somit gesamtgesellschaftlich mehr Reichtum erzeugt[28]. Zudem gibt es mehr Fortschritt, weil auch unrentable Produkte entwickelt werden können, die lediglich der Wissenschaft nützen. Auf Basis dieser Überlegungen wurde in der DDR eine sozialistische Planwirtschaft etabliert.

2.3 Die Umsetzung der Zentralverwaltungswirtschaft in der DDR

Wie dargestellt hat Marx den Kapitalismus zwar analysierte und dessen baldigen Zusammenbruch sowie den darauf folgenden Aufgang der Gesellschaft im Kommunismus vorhergesagt, die tatsächliche Funktionsweise der Planwirtschaft nach wirtschaftstheoretischen Ansätzen hat er hingegen kaum beschrieben[29]. Er erwartete, dass „Wegen der Einfachheit und Klarheit der ökonomischen Verhältnisse im Sozialismus"[30] keine Wirtschaftstheorie - also die Analyse des Wirtschaftssystems und der Versuch dieses zu verstehen und zu verbessern - mehr erforderlich sein würde. Somit musste beim Aufbau des Wirtschaftssystems der Sowjetunion, auf welches sich die DDR gründete, die genaue Funktionsweise der Planwirtschaft erst

---

[27] Bei der Darstellung der weiteren Punkte zur Überlegenheit stütze ich mich auf „Dr. Obst, Werner: *DDR-Wirtschaft: Modell und Wirklichkeit*; Hamburg 1973, S. 10f & 66".

[28] (Obst, 1973, S. 11).

[29] Bei der Skizzierung der wirtschaftlichen Situation der UdSSR & dem Kommentar zu Marx beziehe ich mich auf: „Lösch, Dieter: *Sozialistische Wirtschaftswissenschaft*; Hamburg 1987, S. 29-32".

[30] (Lösch, 1987, S. 30; zitiert nach „Adirim, I.: *Stand und Zukunftsaussichten der IWrtschaftsreform der UdSSR, in: Osteuropa*, 1985, S. 894-907").

ausgearbeitet werden. Dies passierte ab 1928 unter Joseph Stalin, welcher kaum Einwände gegen seine Wirtschaftspolitik zuließ[31]. Die damalige Wirtschaftstheorie und das entwickelte Wirtschaftssystem wurden somit von der Politik entscheidend beeinflusst.

Das Wirtschaftssystem der Sowjetunion basierte auf einem zentralen Plan, welcher durch die Planungsbehörde *Gosplan* ausgearbeitet wurde, Löhne und Preise festlegte und den Wirtschaftsprozess zentral steuerte. Alle Produktionsmittel und Firmen waren verstaatlicht, ein privater Besitz an ihnen war ausgeschlossen. Die Planung erfolgte in Form von Einjahresplänen, welche meist in Fünfjahrespläne eingebunden waren und den Betrieben genaue Mengen vorgaben, die sie zu produzieren hatten.

Planwirtschaft auf deutschem Gebiet gab es erstmals während des ersten, und in ähnlicher Form erneut während des zweiten Weltkrieges[32]. Es handelte sich um kapitalistische Planwirtschaften, welche der Militarisierung der Wirtschaft dienten. Ressourcen wurden zugeteilt und zu erbringende Produktionsresultate definiert. Somit wurde während diesen Zeiten intensiv an der Planungstheorie gearbeitet, was jeweils nach den Weltkriegen fortgeführt wurde. Hier zu nennende Ökonomen sind beispielsweise Schmied, Joffe oder Rathenau[33], welche die Planungstheorie immer weiter entwickelten. Dies geschah sowohl in der Sowjetunion als auch in westlichen Staaten, in welchen sich überzeugte Sozialisten dies zur Aufgabe machten. Die Überlegungen dieser Zeit waren Basis sowohl des Sowjetischen als später auch des Wirtschaftssystems der DDR.

Nachdem der zweite Weltkrieg mit der bedingungslosen Kapitulation Deutschlands endete, begann der Aufbau der sozialistischen Planwirtschaft in Ostdeutschland durch die Sowjetische Militäradministration Deutschland (SMAD) mit der Umgestaltung der Eigentumsordnung[34]:

Bereits 1945 kam es in der Sowjetischen Besatzungszone (SBZ) zur entschädigungslosen Enteignung von Großbetrieben, worauf in relativ kurzen Zeitabständen die Schließung privater Banken und die Gründung der ersten Staatsbetriebe folgte[35]. Diese entstanden in Form der *Volkseigenen* Güter (VEG) in der Landwirtschaft durch die Bodenreform im Jahr 1945, durch

---

[31] (Lösch, 1987, S. 32).
[32] Zur Beschreibung der Kriegswirtschaft & der theoretischen Ausarbeitung der Planwirtschaft habe ich (Šik, 1987, S.62f) zu Rate gezogen.
[33] (Šik, 1987, S. 63) [Die Vornamen werden nicht genannt].
[34] Bei Folgenden Beschreibung der Umgestaltung der Eigentumsordnung in der DDR beziehe ich mich auf „Haase, E. Herwig: *Das Wirtschaftssystem der DDR – Eine Einführung*; Berlin 1990, S.57ff".
[35] (Haase, 1990, S. 57).

welche rund 7000 Großgrundbesitzer enteignet wurden[36] und in der Industrie in Form der *Volkseigenen Betriebe* (VEB). Weiterhin möglich war die Bildung von *Landwirtschaftlichen Produktionsgenossenschaften* (LPG) und *Produktionsgenossenschaften des Hanwerks* (PGH). Auch die staatliche Handelsorganisation *HO*, welche innerhalb kürzester Zeit ein quasi-Monopol im Einzelhandel schuf, wurde gegründet. Für noch nicht verstaatlichte Unternehmen wurden hohe Steuern eingeführt, weshalb sie meist entweder den Staat als Teilhaber aufnahmen oder mit dem Staat *Kommissionshandelsverträge*[37] abschlossen. Somit entstanden drei Eigentumsformen an Produktionsmitteln:[38] Staatliches und genossenschaftliches Eigentum, halbstaatliches Eigentum, also mit dem Staat als Teilhaber oder als Kommanditisten, sowie kleine Restbestände privaten Eigentumes. Das sozialistische Eigentum in der DDR bestand somit aus *gesamtgesellschaftlichem Volkseigentum* wobei die Eigentumsrechte vom Staat ausgeübt wurden, aus *genossenschaftlichem Gemeineigentum werktätiger Kollektive*, also Unternehmen die von sozialistischen Genossenschaften besessen wurden, und aus *Eigentum gesellschaftlicher Organisationen der Bürger*. Bei Letzteren waren politische Parteien und sozialistische Massenorganisationen Eigentümer[39]. Der Prozess der Zentralisierung und Verstaatlichung wurde bis zum Ende der DDR fortgeführt.

Bevor nun die eigentlichen Schritte der Wirtschaftsplanung erläutert werden, will ich die Verfassung der DDR zu analysieren, um zu belegen das es sich bei der DDR um einen sozialistischen Staat nach Marxistischem Vorbild handelte.

So wurde 1968 , wenngleich schon länger von sozialistischer Planwirtschaft gesprochen wurde, das Wirtschaftssystem in die Verfassung integriert[40]:

Danach „[beruht] die Volkswirtschaft der [DDR] [...] auf dem sozialistischen Eigentum an Produktionsmitteln"[41], und „ist eine sozialistische Planwirtschaft"[42]. Auch ist „[d]ie Außenwirtschaft [...] staatliches Monopol"[43]. Das „sozialistische Eigentum besteht als

---

[36] „Bundeszentrale für Politische Aufklärung: *Information zur Politischen Bildung 312: Geschichte der DDR*; Berlin 2011, S. 11f".
[37] [Siehe Anhang: Begriffe 4].
[38] (Haase, 1990, S. 58)
[39] Die sozialistischen Eigentumsformen wurden von Haase zusammengefasst: (Haase, 1990, S. 58).
[40] „Deutscher Bundestag: *Funktionsweise des Wirtschaftssystems der DDR im Überblick - Ausarbeitung – WD 5 – 054/07*; Berlin 20017, S. 3".
[41] Sieger, Gerd Joachim: *Verfassung der DDR: Text – Einführung – Kommentar – Hinweise auf das Grundgesetz*; München 1986, S.53f, Artikel 9 Absatz 1.
[42] Ebd., Artikel 9 Absatz 3.
[43] Ebd., Artikel 9 Absatz 5.

gesamtgesellschaftliches Volkseigentum, als genossenschaftliches [...] Eigentum [...] sowie als Eigentum gesellschaftlicher Organisationen der Bürger"[44], wenngleich „das persönliche Eigentum der Bürger [...] gewährleistet [ist[45]]."[46] Dass Eigentum an Produktionsmitteln nicht möglich war ist in Artikel 12 beschrieben: „Die Bodenschätze, Bergwerke, Kraftwerke, [...] die Transportmittel [...] [sind] Volkseigentum. Privateigentum daran ist unzulässig."[47] Die sozialistische Produktion kann laut Verfassung auch an genossenschaftliche Organisationen weitergegeben werden.[48] Für diese galten ähnliche Regeln wie für das Volkseigentum: „Die Geräte, Maschinen, Anlagen [...] sozialistische[r] Genossenschaften, [...] sowie aus genossenschaftlicher Nutzung des Bodens [und von] Produktionsmittel[n] erzielte Ergebnisse sind genossenschaftliches Eigentum"[49].

„Somit sind zwei Grundpfeiler der Wirtschaftsordnung der DDR identifiziert: kollektives Eigentum der Produktionsmittel und zentrale Planung"[50].

Um die Funktionsweise der DDR-Wirtschaft zu erfassen, müssen wir uns laut Erwig E. Haase unter anderem folgende Fragen stellen:[51] Wie funktioniert das Planungssystem[52]? Und wie sind die Eigentumsrechte am Produktivvermögen? Da letzteres in 2.1, 2.2 und oben in 2.3 bereits eindeutig ausgeführt ist, widme ich mich im Folgenden den Leitungsorganen und der Organisationsstruktur der DDR.

Die Struktur der Planungsleitung[53] in der DDR war hierarchisch aufgebaut. Zu unterst standen die Volkseigenen Betriebe und darüber die *Vereinigungen Volkseigener Betriebe* (VVB), welche aus dem Zusammenschluss verschiedener volkeigenen Betriebe eines Produktionssektors hervorgingen und eine Art Superkonzern (z.B. *VVB Automobil*; *VVB Textilmaschinenbau*) bildeten. Letztere wurden ab Ende der 60er Jahre in sogenannte *Kombinate* ähnlicher Funktion überführt[54]. Die nächsthöhere Instanz waren die Ministerien, wobei jedes Ministerium (z.B. *Ministerium für Kohle und Energie*; *Ministerium für Leichtindustrie*) für je einen

---

[44] Ebd., S. 56; Artikel 10 Absatz 1.
[45] [insofern es sich nicht um Eigentum an Produktionsmitteln handelte].
[46] Ebd., Artikel 11 Absatz 1.
[47] (Sieger, 1986, S. 58; Artikel 12 Absatz 1).
[48] Ebd., Artikel 12 Absatz 2.
[49] (Sieger, 1986, S. 59; Artikel 13).
[50] „Deutscher Bundestag: *Funktionsweise des Wirtschaftssystems der DDR im Überblick - Ausarbeitung – WD 5 – 054/07*; Berlin 20017, S. 3".
[51] (Haase, 1990, S. 36).
[52] [Siehe Anhang: Grafik 1]
[53] Der folgende Planungsablauf ist indirekt zitiert nach (Obst, 1973, S. 143-153).
[54] https://de.m.wikipedia.org/wiki/Kombinat, zuletzt aufgerufen am 29.10.2019.

Produktionssektor, welcher meist mehrere VVBs enthielt, verantwortlich war. Die Minister, also die Vorstehenden der jeweiligen Ministerien, die alle fünf Jahre durch die Volkskammer gewählt wurden, waren allesamt Teil des *Ministerrates*, welcher sich primär aus SED-Mitgliedern zusammensetzte[55] und daher direkt vom SED-Politbüro abhängig war. Der Vorsitzende des Ministerrates besetzte laut Werner Obst[56] nach dem Staatsratsvorsitzenden und dem ersten Sekretär der SED die wichtigste Position im DDR-Staatsapparat. Aus Teilen des Ministerrates bildete sich letztlich sein wichtigstes Organ: Die *staatliche Plankommission* (SPK).

Die Planung der Produktion nach Gewichtskennziffern (z.B. 100 Tonnen Nägel) und Mengeneinheiten (z.B. 1 Mio. Feuerzeuge) erfolgte durch langfristige, meist Zehnjahrespläne, in deren Rahmen die relevantesten Perspektivvorgaben, die Fünfjahrespläne gebildet wurden[57]. Weiterhin wurden jedes Jahr wiederrum im Rahmen der Fünfjahrespläne Einjahrespläne entworfen. Alle Pläne lagen als Volkswirtschaftsplan, darauf angepassten Bezirkswirtschaftsplänen, und wiederum darauf angepassten Kreiswirtschaftsplänen vor. Das Verfassen ebendieser Pläne oblag der SPK bzw. den Bezirks-/Kreisräten. Für das Verständnis der Vorgänge genügt das Wissen um den Planungsvorgang durch die SPK. Diese erstellte den Wirtschafts- bzw. Industrieplan, welcher wie aufgeführt die Zuteilung von Arbeit, Kapital und Boden, sowie den geforderten Output regelte. Wie hoch letzterer sein sollte, wurde auf Basis materieller, wie die Stahlproduktion in Tonnen, personeller, wie die Anzahl der Arbeitskräfte pro Sektor und deren Ausbildungsgrad, und finanzieller Kennziffern, also Einnahmen und Ausgaben, entschieden. Am wichtigsten war die Nachfrageentwicklung durch andere Betriebe, Privatpersonen und den Staat. Auf Basis all dieser Informationen wurde die *Bilanzierung*, also die „Mengen- oder Wertemäßige Gegenüberstellung [...] von Aufkommen und Verwendung"[58] des letzten Jahres durchgeführt.[59] Dies meint vereinfacht ausgedrückt den Vergleich von Produktion und der Nachfrage des letzten Planungszeitraumes. War die Produktion höher als die Nachfrage, musste letztere gesteigert oder die Produktion gesenkt werden, war die Produktion geringer musste diese im nächsten Planungszeitraum gesteigert werden. Die *Staatsbilanzen*, wie beispielsweise die *Außenhandelsbilanz* oder die *Ausrüstungsbilanz* die der SPK vorlagen,

---

[55] https://de.wikipedia.org/wiki/Ministerrat_der_Deutschen_Demokratischen_Republik, zuletzt aufgerufen am 29.10.2019.
[56] (Obst, 1973, S. 152).
[57] Bei der folgenden Beschreibung des Planungsauflaufes beziehe ich mich auf: (Haase, 1990, S. 47-54, 129).
[58] (Haase, 1990, S. 48f).
[59] [Siehe Anhang: Grafik 2].

basierten auf den Bilanzierungen der Minister, und diese wiederum auf den Bilanzierungen der Kombinats- und Betriebsbilanzen. So wurden 1986 von 589 Bilanzierenden Organen in Summe um die 5600 Bilanzen erstellt und ausgewertet[60]. Nun wurde auf Grundlage der vorgegebenen Kennziffern und darauf basierenden Bilanzen ein *Industrieplan* ausgearbeitet. Eingearbeitet wurden auch angestrebte Wachstumsraten und neue Produkte. Dieser Plan wurde über die Ministerien und Kombinate selektiv an die Betriebe weitergereicht. Diese erstellten auf Grundlage der Vorgaben und nach Abstimmung mit Zuliefer- und Abnehmerbetrieben einen betriebsinternen Plan (*Betriebsplan*), welcher erst mit den Genossen bzw. Mitarbeitern durch die *Plandiskussion* festgelegt, und daraufhin bei zuständigen Stellen in den Kombinaten erläutert und gegen Kritik verteidigt wurde (*Planverteidigung*), bis sich ein Konsens einstellte[61]. Nachdem die Betriebspläne nun, gegebenenfalls modifiziert, durch zuständige Stellen im Kombinat zusammengetragen wurden, mussten ebendiese Stellen ihre *Kombinatspläne* wiederrum vor den Ministern Verteidigen. Nach Zusammenführung der resultierende Pläne aller Kombinate wurde nun der Volkswirtschaftsplan im Ministerrat beraten und verabschiedet[62]. Er war jetzt nach DDR-Recht Gesetz. Nun lag es an den DDR-Managern, also den Direktoren der VBs, die Erfüllung der Planvorgaben zu gewährleisten, wobei auf Planübererfüllung Prämienzahlungen, und bei Planuntererfüllung Sanktionen folgten.[63] Die Bezahlung der Mitarbeiter[64] erfolgte in den Volkseigenen Betrieben nach einem festen Gehalt plus Prämien bei Planübererfüllung, in den Produktionsgenossenschaften hingegen wurde ein Anteil am erwirtschafteten Gewinn auf Basis der Arbeitsleistung ausbezahlt, wobei der Staat einsprang wenn ein bestimmter Mindestbetrag nicht erreicht wurde.

---

[60] (Haase, 1990, S. 49).
[61] Planverteidigung: http://library.fes.de/FDGB-Lexikon/texte/sachteil/p/Planverteidigung.html, zuletzt aufgerufen am 29.10.2019.
[62] Die Beschreibung der Erstellung der Industriepläne basiert auf (Haase, 1990, S. 47-54, 129).
[63] (Haase, 1990, S. 54).
[64] Bezahlen basierend auf: (Haase, 1990, S. 59).

3. Das Scheitern der Planwirtschaft in der DDR

"The problem with socialism is that you eventually run out of other peoples' Money" – Margaret Thatcher[65]

1989 fiel die Berliner Mauer, 1990 trat die DDR der BRD bei. Heute ist die Wirtschaftsleistung im Osten Deutschlands nach wie vor schwächer als im westlichen Teil, und dies trotz knapp 30 Jahren Wiedervereinigung[66]. In Folge des Zusammenschlusses gingen zahlreiche DDR-Betriebe insolvent und eine hohe Arbeitslosenquote entstand, welche 2005 ihren Höchststand von 18,7% erreichte[67]. Auch stand die DDR 1990 laut dem SED-internen „Schürer-Bericht"[68] kurz vor der Zahlungsunfähigkeit. Daraus lässt sich ableiten, dass die Entwicklung des Realsozialismus in der DDR nicht so verlaufen war, wie Marx es sich vorgestellt hatte. Dafür sprechen auch allgemein bekannte Fakten über die DDR-Wirtschaft: Im Vergleich zur BRD und anderen westlichen Industrienationen hatte die DDR eine geringere Produktvielfalt, häufigere Lieferengpässe, eine geringere Kaufkraft pro Einwohner, geringe Löhne, überteuerte Luxusgüter, eine hohe Staatsverschuldung, und weniger Wohnraum pro Einwohner, der im Schnitt älter und von geringerer Qualität war als der in der BRD.[69] Zudem waren viele Produkte international kaum konkurrenzfähig[70], woraus sich schließen lässt das sie entweder veraltet oder von geringer Qualität waren. Die Arbeiter hatten lange Arbeitszeiten und die Umweltverschmutzung war enorm.[71]

Aufgrund dieser Tatsachen kann man von einem Scheitern der DDR-Wirtschaft sprechen. Doch wieso kam es trotz der von Marx und anderen Wissenschaftlern proklamierten Überlegenheit der sozialistischen ZVW gegenüber dem marktwirtschaftlichen Wirtschaftssystem der BRD?

---

[65] https://www.geckoandfly.com/25752/anti-socialism-quotes-medical-healthcare-tax/, zuletzt aufgerufen am 04.11.2019.

[66] https://www.bpb.de/geschichte/deutsche-einheit/lange-wege-der-deutschen einheit/47133/zusammenbruch?p=all, zuletzt aufgerufen am 04.11.2019.

[67] https://www.tagesschau.de/multimedia/bilder/grafiken-ost-west-101.html, zuletzt aufgerufen am 04.11.2019.

[68] https://www.kas.de/c/document_library/get_file?uuid=639b6727-193c-f945-2e88-1e96fe30db72&gro pId=252038, S.73, zuletzt aufgerufen am 03.11.2019

[69] (Obst, 1973, S. 117).

[70] https://www.mittelbayerische.de/politik-nachrichten/am-boden-die-ddr-wirtschaft-1989-21771 art1141209.html, zuletzt aufgerufen am 04.11.2019.

[71] https://www.bundesregierung.de/breg-de/aktuelles/wahrheit-ueber-verschmutzung-der-umwelt-336222, zuletzt aufgerufen am 03.11.2019.

3.1 Analyse der wirtschaftlichen Entwicklung der DDR

Im ersten Schritt möchte ich die Ökonomischen Kennziffern der DDR analysieren, um anschließend auf dem Ergebnis meiner Analyse eine Argumentation zur Erklärung der wirtschaftlichen Schwäche der DDR aufzubauen. Der Übersichtlichkeit halber beschränke ich mich hierbei auf Daten aus dem Zeitraum von 1960-71 unter Walter Ulbricht. Auch reicht die Betrachtung dieses Zeitraums für das Verständnis der Kernprobleme der Wirtschaft der DDR aus, da sie über das gesamte Bestehen der DDR hinweg die Wirtschaft negativ beeinflussten[72].

Die entscheidende Kennziffer anhand derer man die Stärke einer Volkswirtschaft misst, ist das Bruttoinlandsprodukt (BIP) bzw. zu DDR-Zeiten das Bruttosozialprodukt (BSP). Das BSP ist definiert als der Wert aller Güter plus Steuern abzüglich Vorleistungen und Subventionen. Die Steigerung des BSP ist Ziel sowohl der Marktwirtschaft als auch der Planwirtschaft. Das reale Wachstum des BSP der DDR, also der Veränderung des BSP abzüglich der Inflation, betrug zwischen 1961 und 1972 im Schnitt 4,6%[73]. Dies ist der gleiche Wert wie der der BRD. Die Entwicklungsgeschwindigkeit beider Volkswirtschaften war in diesem Zeitraum also annähernd gleich. Das *Bruttoinlandsprodukt je Erwerbstätigen* betrug 1972 in der BRD 23 800 DM und in der DDR 18 300 Mark, also 77% von dem der BRD[74]. Dieser Wert hat sich zwischen 1960 und 1972 kaum verändert. Auch hieraus ergibt sich das Bild, dass sich BRD und DDR wirtschaftlich im gleichen Tempo weiterentwickelten.

Kommen wir nun zur Betrachtung der Einkommensentwicklung[75]. Das durchschnittliche Nettoeinkommen der Bürger der BRD stieg zwischen 1960 und 1970 von 476 auf 982 DM, also um 106,3%; das in der DDR im selben Zeitraum von 483 Mark auf 659 Mark, also um 36,4%. Inflationsbereinigt ergibt sich für die BRD ein Einkommenszuwachs von 57%, also immer noch signifikant mehr als der DDR (für die keine Inflationsbereinigung erforderlich ist).

Der Beobachtung, dass das die DDR zwar annähernd gleiches Wachstum des BSP wie die BRD generieren konnte, das Einkommen je Einwohner jedoch schwächer anstieg, liegt eine geringere Kapitaleffizienz bzw. Kapitalrentabilität in der DDR zu Grunde. Auf diese werde ich im

---

[72] (Haase, 1990, S. 4).
[73] [Siehe Anhang: Grafik 3].
[74] [Siehe Anhang: Grafik 4]
[75] (Obst, 1973, S. 22)

Folgenden meine Argumentation zum Scheitern des zentral verwalteten Planungssystems in der DDR aufbauen.

3.2 Das fehlende Rentabilitätsprinzip

3.2.1 Die Kapitaleffizienz der DDR

Kapitaleffizienz (auch *Return on Investment*[76]) bezeichnet den Anteil von Investiertem Kapital, der innerhalb eines Beobachtungszeitraumes durch Generierung von Gewinn zusätzlich erwirtschaftet wurde. Die zugehörige Formel lautet: $ROI = \frac{Gewinn}{Gesamtkapital}$. Im Folgenden wird der ökonomische Nutzeffekt, also die Investitionskosten die für einen Zuwachs des BSP von 1000 DM notwendig sind, von Investitionen in der DDR mit dem ökonomischen Nutzeffekt von Investitionen in der BRD verglichen. In dieser wurden von 1961 bis 1970 insgesamt 1 272,5 Mrd. DM investiert und damit ein Zuwachs des Bruttosozialproduktes von 380,5 Mrd. DM generiert. In der DDR hingegen wurden im gleichen Zeitraum zu vergleichbaren Preisen 258 Mrd. M investiert, was zu einem Zuwachs des BSP von 51,2 Mrd. M führte. Die BRD musste pro 1 000 DM Zuwachs des BSPs also $\frac{1272,5 \times 1000}{380,5} = 3344$ DM aufbringen, die DDR $\frac{258 \times 1000}{51,2} = 5039$ M.[77] Das bedeutet, dass die DDR für dasselbe Wachstum des BSP 51% mehr investieren musste als die BRD. Übertragen auf obige Formel ist bei konstantem Gewinn das erforderliche Gesamtkapital in der DDR also höher als in der BRD. Ergo ist die Kapitaleffizienz (der ROI) der DDR geringer ist als die der BRD. Der Staat, der den Wirtschaftsplan erstellte und damit auch fast alle Investitionen steuerte, musste in der DDR also für Wachstumsraten wie die der BRD mehr Geld investieren als die Unternehmen der BRD. Resultat ist, dass der DDR weniger Kapital für beispielsweise Löhne, den Wohngebäudeneubau, Infrastrukturprojekte oder Renten zur Verfügung standen[78]. Dies erklärt bereits ansatzweise den Grund für die geringeren Löhne der DDR-Bürger.

Folgendes Beispiel[79] aus dem Energiesektor der DDR soll dies verdeutlichen. In der BRD wurden um 1970 für den Bau eines Großkraftwerks rund 500 Mio. DM für 1.000 Megawatt Leistung investiert, in der DDR kostete ein vergleichbares Projekt um die 1,2 Mrd. Mark. Der hohe Nutzeffekt in der BRD resultiert aus einem stetig sinkenden Materialverbrauch für die gleiche Leistung; so wurden in der BRD Turbinen mit 300 und 500 Megawatt Leistung gebaut, in der

---

[76] https://de.wikipedia.org/wiki/Return_on_Investment, zuletzt aufgerufen am 30.10.2019.
[77] [Siehe Anhang: Grafik 5]
[78] (Obst, 1973, S. 35).
[79] (Obst, 1973, S. 33ff).

DDR jedoch vorwiegend Turbinen mit 100 Megawatt Leistung, wobei teilweise Turbinen mit 200 oder 300 Megawatt aus Polen oder der Tschechoslowakei importiert wurden. Bei Verwendung mehrerer kleinerer Turbinen muss mehr Materialeinsatz pro Megawatt erfolgen, welcher höhere Kosten verursacht. Die DDR schafft es also ihre Stromproduktion auf dieselbe Leistung zu bringen, also dasselbe Produktionswachstum zu erzielen, muss jedoch in diesem Fall dafür 700 Mio. Mark mehr investieren als die BRD. Der Vergleich ist trotz des geringeren Wertes der Mark gegenüber der DM gerechtfertigt, da der spezifische Kapitalaufwand - wie beispielsweise für 1 Kilowatt Kraftwerkskapazitäten - beider Volkswirtschaften in den 50ern noch nahezu gleich war.[80] Beim Bau von Kraftwerken in den 70er Jahren hat die DDR also, bei einer neu geschaffenen Kapazität von 7000 Megawatt, um die 5 Mrd. Mark „zu viel" investiert. Das bedeutet, dass die Rentabilität in Westdeutschland bei 70 Mio. DM Gewinn auf 500 Mio. DM Eigenkapital 14%, in der DDR bei Miteinbezug des zusätzlichen Kapitaleinsatzes lediglich 5,8% betrug[81].

3.2.2 Nicht vorhandener Rentabilitätszwang in den volkseigenen Betrieben

Wenn wir den geringen Nutzeffekt der ostdeutschen Investitionen verstehen möchten, müssen wir die Situation der betrieblichen Manager (respektive Direktoren) genauer beleuchten. Deren wichtigste Zielgröße ist die Planerfüllung. Sie müssen quantitativ die Produktionsvorgaben, also ein bestimmtes Gewicht oder eine bestimmte Menge eines Produktionsgutes, erfüllen. Prämien werden lediglich bei der Übererfüllung des Planes ausgezahlt,[82] andererseits gibt es bei Planuntererfüllung meist keinen Lohnabzug. Es gibt keine Konkurrenzunternehmen die in höherer Qualität oder effizienter (also mit geringerem Kapital- und Arbeitsaufwand) produzieren. Das Ziel der Arbeiter und Direktoren war meist die Übererfüllung der Pläne,[83] um das maximal mögliche Einkommen zu erzielen. Dies führt uns zum ersten Planungsdefizit: Der Plantransformation. Wie oben beschrieben werden die Wirtschaftspläne der volkseigenen Betriebe durch mehrere Instanzen zusammengeführt und generalisiert, bis der Planungskommission letztlich eine grobe Übersicht nach Produktionsbranchen vorliegt, auf Basis derer sie den gesamten Wirtschaftsplan erstellt. Da das Ziel der Unternehmen die Planübererfüllung ist, sollten die Vorgaben aus Sicht der VEBs möglichst gering sein und unter den tatsächlichen

---

[80] (Obst, 1973, S. 33).
[81] (Obst, 1973, S. 34)
[82] (Šik, 1987, S. 79f) .
[83] Das Problem der Plantransformation basiert auf (Šik, 1987, S. 79).

Produktionskapazitäten liegen. Daher wurden oftmals Reservekapazitäten nicht mit angegeben, um geringere Planvorgaben zu erhalten, die leichter zu übererfüllen sind. Somit muss der Betrieb, um Prämien zu erhalten, nicht effektiver produzieren, sondern lediglich ungenaue Angaben über die eigenen Produktionskapazitäten machen.

Ein weiteres Problem ergibt sich aus der offiziellen Zielsetzung der quantitativen Planerfüllung[84]. Es wird lediglich überprüft ob dies geschehen ist, und nicht ob die Produktion und möglicherweise deren Steigerung effizient verlaufen ist. So wurden beispielsweise Stahlprodukte einfach mit viel höherem Gewicht, also höherem Materialverbrauch als notwendig hergestellt, um die Gewichtsvorgaben des Planes einzuhalten. Somit ist die Steigerung der Effizienz in der Produktion durch Innovation und Rationalisierung nicht im Interesse der Betriebe. Warum bessere Turbinen entwickeln, wenn einfach mehrere der alten, weniger effektiven Bauart verwendet werden können und auch damit die Planvorgaben erfüllt werden? Warum eine neue, effektive Maschine entwickeln oder kaufen, wenn genauso gut mehr Arbeiter eingesetzt werden können? Die Kosten trägt schließlich der Staat.

Es gibt also keinen „Zwang zu effektivem Kapitaleinsatz"[85]. Ein Wachstum der Produktion wird daher zu großem Teil durch Steigerung der Investitionen finanziert, also einer geringeren Rendite, was zu einem in Relation zum Wachstum des BSP geringeren Wachstum der Löhne führt. Auch wenn die Planerfüllung auf der Kippe steht ist es notwendig, egal wie grandios überhöht der Kapital- und Materialaufwand ist, unter allen Umständen die Produktion zu steigern. Denn eine Nichterfüllung kann sich potenzieren, da Betriebe daraufhin nicht mehr ausreichend von den zuliefernden Betrieben versorgt werden, was in einer Versorgungskrise münden kann.

Dies ist in der DDR durchaus häufig passiert[86]. Bei genauerer Betrachtung fällt auf, dass durch den hohen Verbrauch an Materialen, wie Metall beim obigen Beispiel der Kraftwerksturbinen, mehr Produktivkraft in die Produktion dieser Vorleistungen investiert werden muss. In Konsequenz können weniger Kapazitäten für die Produktion von Konsumgütern eingesetzt werden. Dies ist einer der Gründe für die häufige Knappheit an Konsumgütern in der DDR, die sich zu Versorgungskrisen[87] akkumulieren.

---

[84] Ebd., S. 79.
[85] (Obst, 1973, S. 27).
[86] Informationen zur Planuntererfüllung: (Obst, 1973, S. 139).
[87] (Haase, 1990, S. 24).

Kombiniert mit der Monopolstellung der Kombinate, also dem Ausbleiben des Wettbewerbes, führt dies zu einer geringen Produktvielfalt und Qualität, denn warum sollte bei fehlender Konkurrenz ein besseres und innovatives Produkt entwickelt werden. Aufgrund des geringen Innovationstriebes entstand so eine technologische Rückständigkeit zum Westen.

Mindere Qualität, rückständige Technologie und die geringere Produktvielfalt führen auch zu einer geringen Absatzstärke auf dem Weltmarkt, wo viele Produkte, wenn überhaupt, nur zu niedrigen Preisen abgesetzt werden können. So konnte der Trabant, also das meistverkaufte Auto der DDR, im Ausland umgerechnet gerade mal für 5000 Mark abgesetzt werden, in der DDR kostete er das doppelte[88].

Weitere Gründe für die geringe Kapitalrentabilität der DDR lassen sich aus der Analyse der Preisgestaltung und weiterer Probleme des Planungsprozesses herleiten.

3.2.3 Die Preisgestaltung in der DDR

Für den größten Teil der in der DDR erhältlichen Produkte galt der sogenannte „Einzelhandelsverkaufspreis" (EVP)[89]. Es handelte sich hierbei um feste Preise für Konsumgüter, die durch das „Amt für Preise" beim Ministerrat festgelegt wurden. Es war allgemeine Praxis, den EVP für Grundbedürfnisse wie Nahrungsmittel oder Arbeitskleidung unter den Produktionskosten anzusetzen, den Verkauf dieser Produkte also zu subventionieren. Dafür wurde der Preis für hochwertige Luxusartikel wie Schmuck, Fernseher oder Autos, stark überhöht, um die hohen Subventionskosten zumindest teilweise wieder auszugleichen. Dies zog mehrere wirtschaftliche Konsequenzen nach sich.

So besteht innerhalb der Währung der DDR ein großer Unterschied zwischen dem Wert des Geldes im Sinne der Kaufkraft, also der Menge an Gütern, die man für einen bestimmten Geldwert erhält, und seinem Investitionswert, also dem Maß an Wachstum das ein bestimmter Geldwert generieren kann. Ersterer ist zwar stabil, da Preise nicht durch Angebot & Nachfrage bestimmt, sondern zentral vorgegeben werden, letzterer jedoch wie aufgeführt nicht.

---

[88] (Obst, 1973, S. 143f).
[89] Informationen zum EVP: https://de.wikipedia.org/wiki/Einzelhandelsverkaufspreis, zuletzt aufgerufen am 31.10.2019.

3.2.3.1 Die Preis-Kosten Divergenz

Unter anderem dadurch entsteht die sogenannte „Preis-Kosten Divergenz"[90]. Sie ist Folge der Anwendung einer Stalinistischen Theorie, nach welcher der Aufbau des Sozialismus billiger sei, wenn Kosten für Konsumgüter überhöht und für Investitionsgüter unter Wert sind. Dies ist theoretisch nachvollziehbar, da so durch die Bevölkerung ein größerer Geldwert für den Konsum ausgegeben wird als eigentlich notwendig und die Unternehmen diesen Geldwert daraufhin in großem Umfang investieren können, zumal Produktionsmittel ja sehr günstig sind. Der daraus folgende geringe Umsatz der Hersteller von Produktionsmitteln und die resultieren staatlichen Verluste werden durch die hohen Verbraucherpreise ausgeglichen. Dies führt theoretisch zu einer besonders stark wachsenden Wirtschaft. In der Praxis kann diese Theorie jedoch nicht funktionieren, da hierdurch die Preise nicht dem tatsächlichen Wert der Produkte entsprechen. Das System basiert darauf, dass es zu jedem Erzeugnis einen entsprechenden immateriellen Gegenwert in Form von Geld gibt und scheitert, wenn der Zusammenhang zwischen Geldwert und Preis ausgehebelt wird. Die Umsetzung dieses Ansatzes bis zum Beginn der 60er Jahre führte jedoch dazu, dass Investitionsgüter produzierende Branchen, da die Preise ihrer Erzeugnisse anfänglich künstlich gedrückt wurden, kaum rentabel waren. Dies stand in signifikantem Gegensatz zur Rentabilität arbeitsintensiver Branchen wie der Lebensmittelindustrie.[91]

Nach Aufgabe dieser Praxis hätte es im Investitionsgüter produzierenden Sektor, wie beispielsweise beim Schwermaschinen & Anlagebau, infolge marktwirtschaftlicher Prozesse zu einer Inflation kommen müssen. Folge wären Preiserhöhungen für den Endverbraucher gewesen. Um diese zu vermeiden und die stabilen Verbraucherpreise des Sozialismus sicherzustellen, froren die führenden DDR-Ökonomen die Verbraucherpreise ein.

Die steigenden Kosten im Kapitalsektor bei gleichbleibenden Verbraucherpreisen wird als Preis-Kosten Divergenz bezeichnet. Der Wert-Preis Zusammenhang wurde damit erneut aufgelöst, betroffene Betriebe wiesen äußerst geringe Rentabilitätswerte auf.

Damit ist die Preis-Kosten Divergenz in der DDR erklärt und deren Entstehung hergeleitet. Sie ist, neben dem fehlenden Rentabilitätszwang, ein weiterer Grund für die geringere Kapitaleffizienz in der DDR. Da Investitionen teurer werden, also die *Anschaffungsausgaben*

---

[90] Folgende Analyse der Preis-Kosten Divergenz stützt sich auf Daten aus (Obst, 1973, S. 38f).
[91] (Obst, 1973, S. 38).

steigen, der Umsatz durch die produzierten Güter aufgrund der festgelegten Preise jedoch stagniert, steigt die *Amortisationszeit*[92] $= \dfrac{Anschaffungsausgabe}{Durchschnittlicher\ Rückfluss\ pro\ zeiteinheit}$ [93], weshalb es länger dauert bis erneut ein Kapitalstock für Neuinvestitionen aufgebaut ist. Dies hat ein langsameres Produktionswachstum zur Folge. Um dies zu vermeiden, muss in einer bestimmten Zeiteinheit mehr staatliches Kapital aufgewandt werden, um das angestrebte Wachstum künstlich aufrecht zu erhalten. Ein weiterer Nachteil der mindestens fünf Jahre lang festen Preise ist die fehlende Möglichkeit, auf die zahlreichen dynamischen Wirtschaftsfaktoren, die durch die Planer nicht beeinflussbar sind[94], reagieren zu können. Dabei handelt es sich beispielsweise um unvorhergesehene Ressourcenknappheiten, Preissteigerungen für (insbesondere Ressourcen/Öl-) Importe oder Umwelteinflüsse. Wenn sich an diesen Faktoren Änderungen ergeben, kann die Plankommission die Verbraucherpreise erst zum Inkrafttreten des nächsten Planes anpassen. Der Staat muss die nun teurere Produktion bis zu diesem Zeitpunkt zusätzlich subventionieren. Auch dieses Geld kann nicht für Löhne, Bildung, Infrastrukturprojekte, Sozialleistungen und die Schaffung von Wohnraum verwendet werden.

3.2.3.2 Kapitalfehlleitungen

Als letzte wichtige die Wirtschaft belastende Folge der festen Preise möchte ich Kapitalfehlleitungen anführen. Diese entstehen allerdings auch aus anderen Gründen, insbesondere durch ideologische Vorgaben.

Da laut Marx die Rentabilität von Projekten im Sozialismus nicht mehr von Interesse sein würde[95] und aufgrund der festen Preise kein verlässlicher Rentabilitäts-Indikator vorhanden war[96], verursachte die DDR-Investitionspolitik massive Kapitalfehlleitungen. Nach Ende des zweiten Weltkrieges wurde eine verheerende Strukturpolitik eingeleitet und in rückständige Branchen und Erzeugnisse Investiert. Im Gegensatz zur BRD, welche sich sofort auf Wachstumsbranchen wir die Chemie- und Metallindustrie fokussierte, investierte die DDR-Führung in den Kupfer- und Erzbergbau, Metallurgie, Stein- und Braunkohle mitsamt der rückständigen Braunkohlechemie aus der Kriegswirtschaft des Dritten Reiches, sowie in den Schiffsbau[97]. Somit wurden global ertragsschwache Branchen mit Investitionen und Arbeitskräften versorgt.

---

[92] [siehe Anhang: Begriffe 5].
[93] https://de.wikipedia.org/wiki/Amortisationsrechnung, zuletzt aufgerufen am 30.10.2019.
[94] (Haase, 1990, S. 23f).
[95] (Obst, 1973, S. 41).
[96] Ebd., S. 42.
[97] Kapitalfehlleitungen aus (Obst, 1973, S. 41f).

Als illustrierendes Beispiel[98] kann erneut die Energiebranche fungieren. Aufgrund der Investitionen in den Braunkohleabbau und der dahingehenden hohen Förderung kostete die Tonne Braunkohle in der DDR drei Mark; in der BRD waren es 14 DM. Daher erschien es nicht weiter problematisch, dass die alten Braunkohlekraftwerke der DDR mit geringerer Effizienz arbeiteten als die der BRD. Selbst 1984 betrug der durchschnittliche Wirkungsgrad der DDR-Kraftwerke lediglich 26% anstatt der zu dieser Zeit technisch machbaren 38%[99]. Somit wurden 1970 25% mehr Braunkohle als in der BRD eingesetzt, um dieselbe Menge an Energie herzustellen, anstatt in moderne Großkraftwerke in Grubennähe mit hohem Wirkungsgrad oder Beispielsweise in die Kernenergie zu investieren. Dabei wurde jedoch nicht bedacht, dass entsprechend die Förderkapazitäten für Braunkohle um 25 Mio. Tonnen erhöht werden müssten. Dies verursachte Kosten von 1,5 Milliarden Mark und setzte Arbeitskräfte an unrentabler Stelle ein. Auch erhöhte sich damit der überhöhte Materialverbrauch der Kraftwerke (zusätzlich zu den Turbinen) jährlich um noch einmal 300-400 Mio. DM bei Westpreisen (die Kohle hätte auch gewinnbringend exportiert werden können), oder jährlich knapp 800 000 Ostmark. Der Abbaukosten der Kohle stiegen zudem stetig an, weil die leicht zu erreichenden Vorkommen sich zu erschöpfen begannen. Somit mussten immer mehr Material und Arbeitskraft eingesetzt werden, um die Förderung aufrecht zu erhalten[100]. Im Jahr 1989 wendete die DDR schließlich im Schnitt 50% mehr Rohstoffe auf als der europäische Durchschnitt für dieselbe Energieproduktion.[101]

3.3 Angebots- und Nachfrageüberhänge als Folge der zentralen Wirtschaftsplanung

Ein bereits angesprochenes Problem der DDR-Wirtschaft ist die Transformation der Pläne zu einem Gesamtplan. Dies erlaubt nicht nur defensive Planungen durch Betriebe, sondern führt zu einer durchweg ungenauen Wirtschaftsplanung[102]: Da die DDR-Planer nur eine grobe Übersicht über die Bilanzen ganzer Wirtschaftssektoren haben, können sie nicht alle wirtschaftlich relevanten Faktoren in die Planung einbeziehen.

Hauptproblem ist jedoch, dass die Entwicklung der Nachfrage zum Planungszeitpunkt nicht genau vorhersehbar ist – auch wenn gerade dies in der marxistischen Theorie ein Mangel des

---

[98] (Obst, 1973, S. 42).

[99] http://offen-siv.kommunistische-geschichte.de/zur-rohstoffbasis-der-ddr-und-den-einfuhren-sowjetischen erdoels/, zuletzt aufgerufen am 03.11.2019.

[100] Ebd.

[101] https://www.bundesregierung.de/breg-de/aktuelles/wahrheit-ueber-verschmutzung-der-umwelt-336222, zuletzt aufgerufen am 03.11.2019.

[102] (Šik, 1987, S. 78f)

Kapitalismus war. So wurde nicht entlang des Bedarfs der Verbraucher produziert und er-
zeugte so sowohl Mangel an bestimmten Produkten, als auch einen Aufbau hoher Lagerbe-
stände anderer Produkte[103]. Neben der direkt erzeugten Mängel führte die nicht bedarfsge-
rechte Produktion im Falle der Unterproduktion von Produktionsmittel wie bereits beschrieben indirekt zu potenzierten Versorgungsschwierigkeiten der Bevölkerung. Ein hoher Lager-
bestand hingegen bedeutet, dass Kapital für die Produktion von Gütern aufgewendet wurde,
die aktuell nicht benötigt werden. Es handelt sich hierbei also um eine weitere Form der Kapi-
talfehlleitung in der DDR.

Ich habe bereits dargestellt, dass z.B. Importpreisänderungen erst mit dem nächsten Plan ab-
gebildet werden können. Dasselbe gilt für Nachfrageänderungen[104]. Gibt es beispielsweise einen „Trend" wie Ende der 50er den der Jeans aus den USA[105], steigt die Verbrauchernachfrage
nach einem bestimmten Produkt, welches im Fünfjahresplan nur mit geringen Produktions-
zahlen, oder - wie im Falle der Jeans - überhaupt nicht bedacht wurde, kurzfristig massiv an,
und es kommt zu entsprechenden Versorgungsengpässen. Behoben werden kann dies erst im
nächsten Fünfjahresplan, wobei es sein kann das der Trend bis dahin wieder abgeflaut ist und
eine Überproduktion dieses Gutes im nächsten Planungszeitraum entsteht.

3.4 Einflüsse der UdSSR und der in der DDR vorkommenden Ressourcen
Um eine abschließende Bilanz des Wirtschaftssystems der DDR ziehen zu können, müssen
noch der politische und wirtschaftliche Einfluss der UdSSR und der Einfluss der Rohstoffvor-
räte der DDR betrachtet werden.

Die auf den zweiten Weltkrieg folgenden Reparationsforderungen der Amerikaner an den
Westen Deutschlands waren gering. Sie hatten keine direkten Kriegsschäden im eigenen Land
erlitten[106], sahen in Deutschland einen zukunftsträchtigen Absatzmarkt und betrachteten die
BRD auch geopolitisch als eine Art „Bollwerk gegen den Sozialismus" im Osten. Die BRD war
nahezu vollständig zerstört und kaum fähig, Reparationszahlungen zu leisten. Im Gegenteil:
Das auch und im besonderen Westdeutschland zugutekommende *European Recovery Pro-
gram*[107] (ERP) – auch Marshallplan genannt – war sogar eine finanzielle Hilfestellung zum

---

[103] (Šik, 1987, S. 125ff)
[104] (Šik, 1987, S. 79)
[105] https://www.youtube.com/watch?v=7-JcJtHB8gg, zuletzt aufgerufen am 01.11.2019
[106] https://www.zeit.de/politik/deutschland/2015-04/reparationszahlung-wiedergutmachung-kriegsschuld-
deutschland/seite-2, zuletzt aufgerufen am 03.11.2019.
[107] https://de.wikipedia.org/wiki/Marshallplan#Programmentwicklung, zuletzt aufgerufen am 02.11.2019.

Wiederaufbau.

Im Gegensatz dazu war Russland zu einem großen Teil verwüstet worden und hatte sehr schwere Verluste an Produktionsmitteln erlitten. Daher wurden zwischen 1946 und 1953 rund 30% der industriellen Produktionsanlagen der DDR demontiert und nach Russland verlagert. Zusätzlich wurden im Durchschnitt 12,9% des jährlichen Bruttosozialproduktes in Form von Gütern und Geld eingezogen. Weiterhin wurde das Schienennetz um 48% reduziert. Die Zahlungen endeten erst mit dem Volksaufstand 1953. Somit hat die DDR/SZB laut einer Studie der Humboldt-Universität insgesamt um die 54 Mrd. (Ost)Mark an Reparationen gezahlt, wenngleich die Schätzungen hier variieren.[108] Laut Werner Obst[109] wurden diese Zahlungen auch nach dem Volksaufstand 1953 indirekt durch überhöhte Preise für Importe aus der UdSSR und zu geringe Preise für Exporte in die UdSSR weitergeführt. Somit hatte die DDR eine offensichtlich schlechtere wirtschaftliche Ausgangssituation als die BRD. Die Zahlungen entsprachen alles in allem ca. 5% des gesamten BSPs von 1960-70 (1058,6 Mrd. Mark)[110], nüchtern betrachtet zwar eine beachtliche Summe, aber nicht unüberwindbar viel.

Auch waren viele der industriellen Anlagen, wie auch in der BRD, veraltet, auf Kriegswirtschaft ausgerichtet oder beschädigt. Somit schließt Werner Obst, dass die DDR zwar eine ungünstige Ausgangslage hatte, es mit einer effektiveren Wirtschaft mittelfristig aber durchaus mit der BRD hätte aufnehmen können. Das wird daran deutlich sichtbar, dass sich die Differenz zwischen der BRD und der DDR sowohl hinsichtlich der Einkommen, als auch hinsichtlich der Produktqualität und hinsichtlich der Sparquote der Bevölkerung immer weiter voneinander entfernt haben, statt dass die DDR zwar eine aufgrund der schlechteren Ausgangslage zwar niedrigere, aber eben konstant niedrigere Leistung erbracht hätte.

Betrachtet man die Ressourcenvorkommen der DDR, so ist das Ergebnis, dass Metalle und insbesondere auch Braunkohle in ausreichender Menge, sonst aber kaum wirtschaftlich nutzbare Ressourcen wie Öl oder Steinkohle vorhanden waren[111]. Somit wurde in der DDR kein Geld mit Rohstoffexporten verdient, sondern durch industrielle Veredelung von Ressourcen

---

[108] Informationen zur Studie der Universität und zur Höhe der Reparationszahlungen beziehe ich von: https://de.m.wikipedia.org/wiki/Reparationen#Deutsche_Reparationen_nach_1945, zuletzt aufgerufen am 02.11.2019.
[109] (Obst, 1973, S. 182).
[110] (Obst, 1973, S. 28).
[111] Die folgenden Daten zu den Ressourcen sind von „http://offen-siv.kommunistische-geschichte.de/zur rohstoffbasis-der-ddr-und-den-einfuhren-sowjetischen-erdoels/" bezogen, zuletzt aufgerufen am 03.11.2019.

im Maschinenbau und der Chemieindustrie. Die DDR war also bei zahlreichen Rohstoffen von Importen aus anderen Ländern abhängig.

Zusammenfassend lässt sich sagen, dass die DDR wirtschaftlich nicht autark und auf Importe angewiesen war. Die BRD war hier etwas besser aufgestellt. Die Ressourcen können somit als Problem eingestuft werden, welches jedoch im Gegensatz zu den bereits beschriebenen, systematischen Problemen der Planwirtschaft der DDR kaum ins Gewicht fällt. Bei ausreichender Produktion hochwertiger Produkte können die Importkosten durch entsprechende Exporte problemlos ausgeglichen werden. Ein Beispiel hierfür ist die heutige Bundesrepublik mit einer hohen Wirtschaftsleistung und einem starken Außenhandelsüberschuss.

3.5 Außenhandel und Verschuldung der DDR

Allgemein bekannt ist, dass die DDR gegen Ende ihrer Existenz stark verschuldet war und nach eigenen Angaben nahe der Zahlungsunfähigkeit stand. Ganz akkurat ist dies zwar nicht - ca. 50 Mrd.[112] Mark Auslandschulden entsprachen bei einem BSP von 353,34[113] Mark einer Verschuldung von gut 14% des BSPs. Auch war ein gewisses Liquiditätspolster in Devisen vorhanden[114]; nachdem dieses zuvor 1982 nahezu vollständig abgeschmolzen war und die DDR nur durch hohe Kredite der BRD die Zahlungsunfähigkeit verhindern konnte. Dies erscheint im Vergleich zu heute üblichen Werten wie der Verschuldung der BRD von über 2 Billionen Euro[115], also 71,2% des BIP nahezu lächerlich, jedoch wurde die DDR Verschuldung damals als recht hoch wahrgenommen.

Folglich hatte die DDR ein Außenhandelsdefizit, hat also mehr importiert als exportiert. Ein Grund hierfür sind die bereits mehrmals angesprochene, oftmals niedrige Qualität der Produkte und die häufigen Produktionsengpässe. Für ein vollständiges Verständnis der Situation müssen wir die politische Lage jedoch näher beleuchten[116].

Während der 50er und 60er Jahre wurde kaum in expansive, moderne Industriezweige mit guten internationalen Absatzmöglichkeiten, sondern viel in die Grundstoffindustrie investiert.

---

[112] http://magazin.spiegel.de/EpubDelivery/spiegel/pdf/9222839, zuletzt aufgerufen am 03.11.2019.
[113] https://de.statista.com/statistik/daten/studie/249230/umfrage/bruttoinlandsprodukt-bip-der-ddr/, zuletzt aufgerufen am 03.11.2019.
[114] https://www.welt.de/wirtschaft/article134088763/Die-DDR-war-in-Wahrheit-gar-nicht-pleite.html, zuletzt aufgerufen am 04.11.2019.
[115] https://www.smava.de/eurozone-schulden-uhr/, zuletzt aufgerufen am 04.11.2019
[116] Bei der folgenden Beschreibung des DDR-Außenhandelsdefizites aufgrund politisch-ideologischer Aspekte beziehe ich mich auf (Obst, 1973, S. 172-189).

Des Weiteren war die DDR Erzeugnisstruktur aus ideologischen Gründen und in Folge macht-politischer Prozesse primär auf den Export in den Osten, also in die Sowjetunion und die sozi-alistischen Brüderstaaten ausgerichtet. So lief der Außenhandel der DDR aufgrund „eindeuti-ger Beschlüsse von KPdSU- und SED-Führung"[117] sowie des RGW[118] (dem *Rat für gegenseitige Wirtschaftshilfe*, einem Handelsbündnis osteuropäischer Staaten mit der Sowjetunion, der den Handel innerhalb dieser geographischen Zone regelte) zu 75% mit Staaten des Ostblocks ab. Das heißt Bestellungen aus dem Osten wurden, trotz häufig geringeren Ertrags, der Vorzug gegeben. Die DDR wurde daher in den westlichen Industrienationen als begrenzt lieferfähig wahrgenommen.[119]

Auch unterschied sich der Bedarf der Staaten des Ostblocks signifikant von denen westlicher Industrienationen, weshalb der Absatz der Produkte der DDR in internationalen Märkten schwerfiel.

Da die Produktion auf den osteuropäischen Markt ausgerichtet war, wurde kaum in Projekte investiert, die den westlichen Markt hätten beliefern können. Der Export in den Westen wird also schon in der Planungsphase kaum bedacht. Wenn also beispielsweise die Nachfrage nach einer bestimmten, in der DDR produzierten Maschine im Westen hoch war und über den Pro-duktionskapazitäten lag, wurde nicht in die Erweiterung dieser Produktionskapazitäten inves-tiert. Das Gegenteil galt für weniger rentable Projekte für den östlichen Markt. All dies wird durch folgendes Beispiel[120] sehr gut illustriert. Der DDR-Schiffsbau war weitaus weniger ren-tabel als andere metallverarbeitende Industrien es gewesen werden. Die Führung der Sowjet-union verlangte jedoch aufgrund eigener Bedarfe den Ausbau ebendieses Industriezweiges. Die Sowjetunion lieferte den verwendeten Stahl zu überhöhten Preisen und kaufte die Schiffe später zu Preisen unter denen des Weltmarktes. Dies führte dazu, dass lediglich 80% der Pro-duktionskosten gedeckt wurden.

Gleichzeitig musste aufgrund von DDR-Typischen Produktionsausfällen der Zulieferer, oftmals, um die Lieferzeiten nicht noch mehr zu überhöhen, sowohl bei der Produktion für den DDR Binnenmarkt als auch und im Besonderen für die Exportwirtschaft ungeplant Zubehör

---

[117] (Obst, 1973, S. 174).
[118] http://offen-siv.kommunistische-geschichte.de/zur-rohstoffbasis-der-ddr-und-den-einfuhren-sowjetischen erdoels/, zuletzt aufgerufen am 03.11.2019.
[119] (Obst, 1973, S. 175).
[120] (Obst, 1973, S. 177f).

importiert werden.[121] Dies führte zu einer steigenden Auslandsverschuldung. Dieses Außen-handelsdefizit ist der erste Grund für die Verschuldung der DDR.

Weiterhin ist zur Erklärung der Staatsverschuldung der DDR die Subventionspolitik als entscheidender Faktor zu betrachten. Bereits erläutert wurde, dass Produkte zur Deckung der Grundbedürfnisse in der DDR stark subventioniert und vergünstigt verkauft wurden. Ebenfalls subventioniert wurde das Wohnen[122] in der DDR. 1968 waren die Mietpreise der BRD daher im Schnitt bereits dreimal so hoch wie in der DDR. Andererseits wurden in der BRD von 1961 bis 1970 401 Millionen Quadratmeter an Wohnraum neu geschaffen, in der DDR waren es nur um die 41 Millionen - ungefähr 90% weniger, obwohl die Bevölkerungszahl lediglich um 78% geringer war[123, 124]. Eine Neubauwohnung in der BRD war im Schnitt mit 85 m² um 52% größer als eine Neubauwohnung in der DDR mit durchschnittlich 56 m². In der BRD waren es 1970 im Schnitt 25 m² pro Einwohner, in der DDR lediglich 19 m².[125] Auch wurden die Altbauten in der DDR kaum modernisiert. 1965 war der Punkt erreicht, ab dem in der DDR mehr Gebäude- und Wohnraumsubstanz zerfiel als neu gebaut wurde[126]. Dies rief einen immer stärker werdenden Unmut in der Bevölkerung hervor. Als Erich Honecker 1971 Walter Ulbricht als Generalsekre-tär der SED ablöste[127], beendete er den gerade laufenden Reformkurs hin zu einer moderni-sierten, rentableren Wirtschaft und baute stattdessen massiv die Subventionierung des Woh-nungsbaus aus. Auch wurden Löhne und Renten erhöht sowie Arbeitszeiten verringert. Kom-biniert mit einem verstärktem Import westlicher Konsumprodukte im Rahmen eines ausge-dehnten Konsumprogramms führte dies zu einer immens steigenden Auslandsverschuldung der DDR.

Die DDR steigerte also ihre Importe und konnte diese nicht durch ihre Exportleistung ausglei-chen. Sie musste zusätzlich Kredite bei westlichen Banken aufnehmen, um den Wohnungsbau

---

[121] (Obst, 1973, S. 178).
[122] Folgende Fakten zum Wohnungsbau BRD/DDR: (Obst, 1973, S. 117-121).
[123] Einwohner DDR: https://de.wikipedia.org/wiki/Deutsche_Demokratische_Republik, zuletzt aufgerufen am 02.11.2019.
[124] Einwohner BRD: https://ec.europa.eu/eurostat/en/web/population-demography-migration projections/statistics-illustrated, zuletzt aufgerufen am 02.11.2019.
[125] (Obst, 1973, S. 118).
[126] [Siehe Anhang: Grafik 6].
[127] Bei der Beschreibung von Honeckers Politik beziehe ich mich auf „Bundeszentrale für Politische Aufklärung: *Information zur Politischen Bildung 312: Geschichte der DDR*; Berlin 2011; S.49-52".

und die erhöhten Lohnkosten zu finanzieren. Dies führte mehrmalig fast zur Zahlungsunfähigkeit der DDR und einer hohen Auslandsverschuldung.

4. Fazit

Karl Marx dachte im Sozialismus wären die Menschen reicher und wohlhabender. Er dachte, dass System würde gerechter sein als die Marktwirtschaft und den Kapitalismus in allen Bereichen übertrumpfen. Entgegen seiner Theorie gingen alle großen sozialistischen Revolutionen nicht vom Volk aus, sondern wurden von politischen Machthabern etabliert. Die Staaten waren ärmer und weniger fortschrittlich als westliche Volkswirtschaften, die Menschen verdienten weniger, arbeiteten mehr und lebten kürzer. Die Außenhandelsbilanz der DDR war negativ, die Häuser baufällig und die Industrie veraltet und ineffizient. Diese Ineffizienz resultierte vor allem aus der Missachtung des Rentabilitätsprinzips, resultierenden Kapitalfehlleitungen, dem sperrigen Wirtschaftsplanungsvorgang und den festen Preisen. Weitere Gründe waren der Einfluss der UdSSR durch die Einforderung von Reparationszahlungen und der Durchsetzung der Abkapselung vom Westen, sowie die generell schlechte Ausstattung der DDR mit natürlichen Ressourcen.

Bei der Überlegung, wie eine Planwirtschaft verändert werden müsste, um zu funktionieren, kann der Schluss gezogen werden, dass eine sozialistische Planwirtschaft auch in einem Staat mit anderen politischen Voraussetzungen nicht effizient sein wäre. Selbst bei Abwendung vom Wachstums- und Konsumdenken unserer Gesellschaft wäre die Arbeit ineffizient, also würde in Relation zum Ertrag zu viel gearbeitet und zu viele Ressourcen verbraucht.

Im Anschluss an das Thema kommen weiterführende Fragestellungen auf: Wie war die betriebliche Arbeitsmotivation in der DDR? Wie war das Sozialsystem im *sozia*listischen Staat? Wie waren die Arbeitsbedingungen? Wie können wir Informationen über das DDR-Wirtschaftssystem nutzen, um eine funktionierende Alternative zum Kapitalismus zu schaffen?

Das wichtigste was wir aus dem Scheitern der DDR-Wirtschaft mitnehmen können, sind Informationen darüber, wie effizientes Wirtschaften nicht funktioniert. Auf Basis dieses Wissens können wir uns gesellschaftlich weiterentwickeln und bei manchen Veränderungen unseres Wirtschaftssystems bereits aus dieser Erfahrung wissen, was funktioniert und was nicht.

Literaturverzeichnis

A) Gedruckte Literatur

- Marx, Karl & Engels, Friedrich: *Das Manifest der kommunistischen Partei*; Hamburg 2008.
- Haase, E. Herwig: *Das Wirtschaftssystem der DDR – Eine Einführung*; Berlin 1990.
- Dr. Obst, Werner: *DDR-Wirtschaft: Modell und Wirklichkeit*; Hamburg 1973.
- Prof. Dr. Šik, Ota: *Wirtschaftssysteme: Vergleiche – Theorie – Kritik*; Berlin 1987.
- Lösch, Dieter: *Sozialistische Wirtschaftswissenschaft*; Hamburg 1987.
- Sieger, Gerd Joachim: *Verfassung der DDR: Text – Einführung – Kommentar – Hinweise auf das Grundgesetz*; München 2986.
- Bundeszentrale für Politische Aufklärung: *Information zur Politischen Bildung 312: Geschichte der DDR*; Berlin 2011

b) Aufsätze und Bücher aus dem Internet

- Deutscher Bundestag: *Funktionsweise des Wirtschaftssystems der DDR im Überblick - Ausarbeitung – WD 5 – 054/07*; Berlin 20017; Vgl. https://www.bundestag.de/resource/blob/417694/d8126eef72c5b4965c0328e89f7721b8/WD-5-054-07-pdf-data.pdf, zuletzt aufgerufen am 04.11.2019.

c) Internetquellen

- http://library.fes.de/FDGB-Lexikon/texte/sachteil/p/Planverteidigung.html, zuletzt aufgerufen am 29.10.2019
- http://magazin.spiegel.de/EpubDelivery/spiegel/pdf/9222839, zuletzt aufgerufen am 03.11.2019
- http://offen-siv.kommunistische-geschichte.de/zur-rohstoffbasis-der-ddr-und-den-einfuhren-sowjetischenerdoels/[128], zuletzt aufgerufen am 03.11.2019
- https://de.m.wikipedia.org/wiki/Kapitalismus,_Sozialismus_und_Demokratie, zuletzt aufgerufen am 28.10.2019
- https://de.m.wikipedia.org/wiki/Kombinat, zuletzt aufgerufen am 29.10.2019
- https://de.m.wikipedia.org/wiki/Pauperismus, zuletzt aufgerufen am 28.10.2019
- https://de.m.wikipedia.org/wiki/Reparationen#Deutsche_Reparationen_nach_1945, zuletzt aufgerufen am 02.11.2019
- https://de.m.wikipedia.org/wiki/Sozialismus, zuletzt aufgerufen am 28.10.2019.
- https://de.statista.com/statistik/daten/studie/249230/umfrage/bruttoinlandsprodukt-bip-der-ddr/, zuletzt aufgerufen am 03.11.2019

---

[128] [Diese Quelle wirkt trotz des ersten Eindrucks bei näherer Analyse recht seriös und verwendet ausführliche Quellenangaben].

- https://de.wikipedia.org/wiki/Amortisationsrechnung, zuletzt aufgerufen am 30.10.2019
- https://de.wikipedia.org/wiki/Deutsche_Demokratische_Republik, zuletzt aufgerufen am 02.11.2019.
- https://de.wikipedia.org/wiki/Einzelhandelsverkaufspreis, zuletzt aufgerufen am 31.10.2019
- https://de.wikipedia.org/wiki/Marshallplan#Programmentwicklung, zuletzt aufgerufen am 02.11.2019
- https://de.wikipedia.org/wiki/Marxistische_Wirtschaftstheorie, zuletzt aufgerufen am 28.10.2019
- https://de.wikipedia.org/wiki/Return_on_Investment, zuletzt aufgerufen am 30.10.2019
- https://de.wikipedia.org/wiki/Zentralverwaltungswirtschaft, zuletzt aufgerufen am 28.10.2019
- https://www.bpb.de/geschichte/deutsche-einheit/lange-wege-der-deutscheneinheit/47133/zusammenbruch?p=all, zuletzt aufgerufen am 04.11.2019
- https://www.bundesregierung.de/breg-de/aktuelles/wahrheit-ueber-verschmutzung-der-umwelt-336222, zuletzt aufgerufen am 03.11.2019
- https://www.daserste.de/unterhaltung/film/themenabend-armut-und-verschuldung/altersarmut-ursachetipps-100.html, zuletzt aufgerufen am 04.11.2019
- https://www.geckoandfly.com/25752/anti-socialism-quotes-medical-healthcare-tax/, zuletzt aufgerufen am 04.11.2019
- https://www.malteser.de/aware/hilfreich/kinderarmut-in-deutschland-alles-was-du-darueber-wissenmusst.html, zuletzt aufgerufen am 04.11.2019
- https://www.merkur.de/leben/karriere/gehalt-viel-verdienen-top-manager-europa-zr-10008744.html, zuletzt aufgerufen am 04.11.2019
- https://www.mittelbayerische.de/politik-nachrichten/am-boden-die-ddr-wirtschaft-1989-21771art1141209.html, zuletzt aufgerufen am 04.11.2019
- https://www.smava.de/eurozone-schulden-uhr/, zuletzt aufgerufen am 04.11.2019
- https://www.stuttgarter-zeitung.de/inhalt.bundestag-verabschiedet-gesetz-paketboten-sollen-gegen-ausbeutung-geschuetzt-werden.261b5d68-ed5c-4775-8b5f-4e461cd9dfe6.html, zuletzt geöffnet am 04.11.2019
- https://www.tagesschau.de/multimedia/bilder/grafiken-ost-west-101.html, zuletzt aufgerufen am 04.11.2019
- https://www.ueberseeclub.de/resources/Server/pdf-Dateien/1985-1989/vortrag-1989-1116Werner%20Obst.pdf, zuletzt aufgerufen am 04.11.2019
- https://www.welt.de/wirtschaft/article134088763/Die-DDR-war-in-Wahrheit-gar-nicht-pleite.html, zuletzt aufgerufen am 04.11.2019
- https://www.youtube.com/watch?v=7-JcJtHB8gg, zuletzt aufgerufen am 01.11.2019
- https://www.zeit.de/politik/deutschland/2015-04/reparationszahlung-wiedergutmachung-kriegsschuld-deutschland/seite-2, zuletzt aufgerufen am 03.11.2019

A) Grafiken

Anhang 1: (Haase, 1990, S. 129)

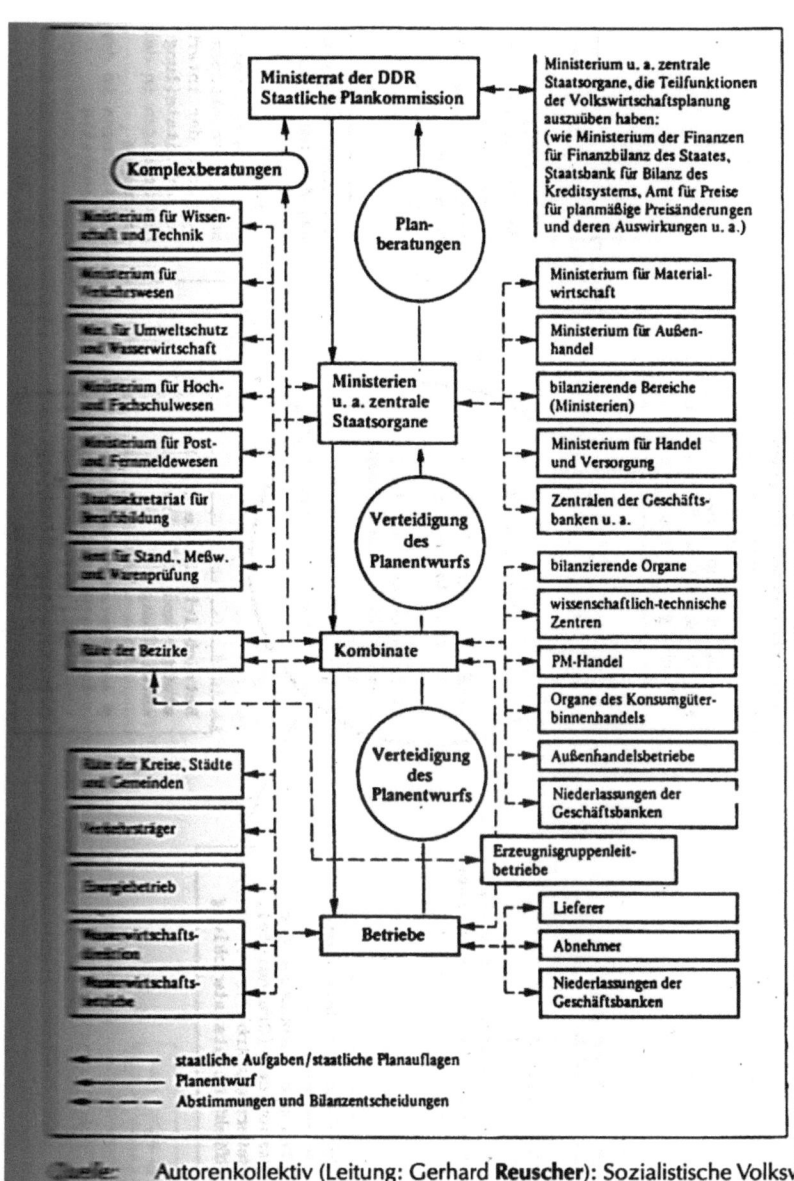

Autorenkollektiv (Leitung: Gerhard **Reuscher**): Sozialistische Volksw
schaft, Berlin (Ost) 1986⁴, S. 86.

Anhang 2: (Haase, 1990, S. 125)

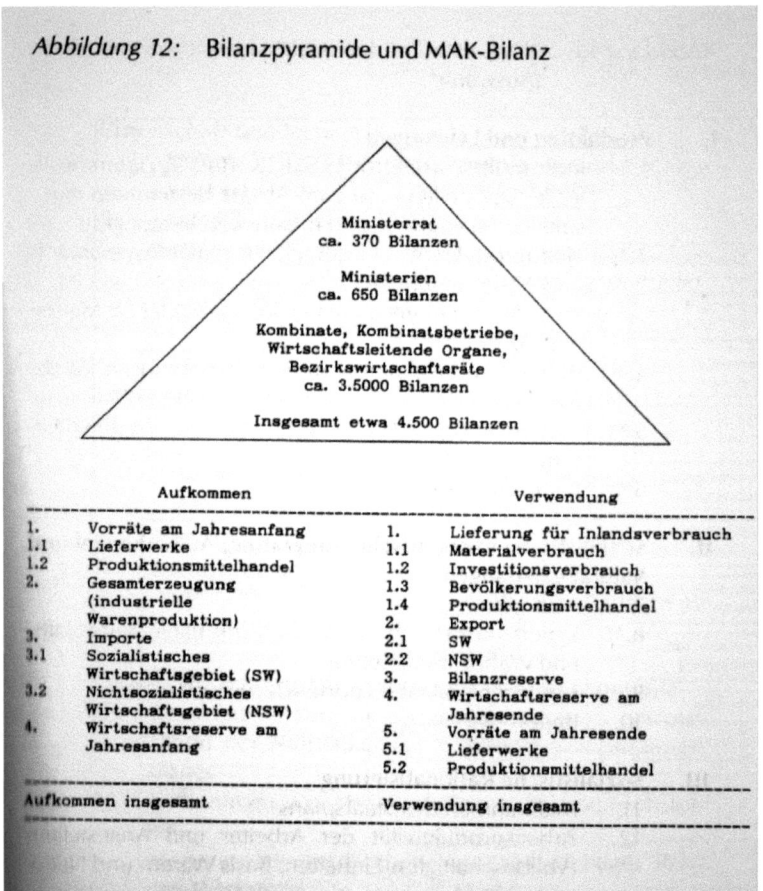

Abbildung 12: Bilanzpyramide und MAK-Bilanz

Ministerrat
ca. 370 Bilanzen

Ministerien
ca. 650 Bilanzen

Kombinate, Kombinatsbetriebe,
Wirtschaftsleitende Organe,
Bezirkswirtschaftsräte
ca. 3.5000 Bilanzen

Insgesamt etwa 4.500 Bilanzen

Aufkommen		Verwendung	
1.	Vorräte am Jahresanfang	1.	Lieferung für Inlandsverbrauch
1.1	Lieferwerke	1.1	Materialverbrauch
1.2	Produktionsmittelhandel	1.2	Investitionsverbrauch
2.	Gesamterzeugung	1.3	Bevölkerungsverbrauch
	(industrielle	1.4	Produktionsmittelhandel
	Warenproduktion)	2.	Export
3.	Importe	2.1	SW
3.1	Sozialistisches	2.2	NSW
	Wirtschaftsgebiet (SW)	3.	Bilanzreserve
3.2	Nichtsozialistisches	4.	Wirtschaftsreserve am
	Wirtschaftsgebiet (NSW)		Jahresende
4.	Wirtschaftsreserve am	5.	Vorräte am Jahresende
	Jahresanfang	5.1	Lieferwerke
		5.2	Produktionsmittelhandel
Aufkommen insgesamt		Verwendung insgesamt	

Anhang 3: (Obst, 1973, S. 17)

Tabelle 1[1] Reale Wachstumsraten des Brutto-Sozialprodukts

	Bundesrepublik	DDR
1961	5,4 %	3,4 %
1962	4,0 %	1,2 %
1963	3,4 %	3,1 %
1964	6,7 %	4,9 %
1965	5,6 %	4,6 %
1966	2,9 %	4,9 %
1967	− 0,2 %	5,4 %
1968	7,3 %	5,1 %
1969	8,1 %	5,1 %
1970	5,8 %	5,0 %
Durchschnitt 1961/70	4,9 %	4,5 %
1971	2,8 %	5,0 %
1972*	2,8 %	5,0 %
Durchschnitt 1961/72	4,6 %	4,6 %

Anhang 4: (Obst, 1973, S. 19)

Tabelle 3 Bruttosozialprodukt je Erwerbstätigen
(in vergleichbaren Preisen von 1967 der jeweiligen Währung)

	Bundesrepublik	DDR	DDR in Prozent zur Bundesrepublik
1960	14 500	10 800	75
1961	15 000	11 300	75
1962	15 600	11 500	74
1963	16 000	11 900	74
1964	17 000	12 500	73
1965	17 900	13 200	74
1966	18 400	13 800	75
1967	18 900	14 400	76
1968	20 200	15 200	75
1969	21 400	15 900	74
1970	22 300	16 600	74
1971	23 000	17 400	76
1972*	23 800	18 300	77

* vorläufige Ergebnisse

Anhang 5: (Obst, 1973, S. 28)

Tabelle 9   Bundesrepublik (in jeweiligen Preisen)

	Investitionen	Brutto-Sozial-Produkt	Jährlicher Zuwachs des Sozial-produktes	Investitionen je 1 000 DM Zuwachs Sozial-produkt
	Mrd. DM	Mrd. DM	Mrd. DM	DM
1960	81,4	302,3		
1961	70,7	332,6	30,3	2 993
1962	97,8	360,1	27,5	3 556
1963	101,2	384,0	23,9	4 234
1964	118,7	420,9	36,9	3 217
1965	132,2	460,4	39,5	3 347
1966	129,9	490,7	30,3	4 287
1967	113,1	495,5	4,8	23 563
1968	136,3	549,0	44,5	3 063
1969	159,5	603,4	63,4	2 516
1970	193,1	682,8	79,4	2 432
1961/70	1 272,5		380,5	3 344

DDR (in vergleichbaren Preisen)

	Investitionen	Brutto-Sozial-Produkt	Jährlicher Zuwachs des Sozial-produktes	Investitionen je 1 000 DM Zuwachs Sozial-produkt
1960		92,8		
1961	18,1	95,8	3,0	6 030
1962	20,6	98,0	2,2	10 364
1963	19,7	101,2	3,2	6 156
1964	22,4	106,3	5,1	4 392
1965	24,7	111,5	5,2	4 750
1966	27,3	117,1	6,4	4 266
1967	28,5	123,5	6,4	4 453
1968	28,3	130,6	7,1	3 986
1969	32,8	137,8	7,2	4 556
1970	35,6	144,0	6,2	5 159
1961/70	258,0		51,2	5 039

Anhang: 6 (Obst, 1973, S. 117)

Tabelle 33   Entwicklung der Wohnungsbautätigkeit (1961 bis 1970)

	fertiggestellte Wohnungen		neue Wohnfläche insgesamt (in Mill. m²)		je Wohnung (in m²)	
	BRD	DDR	BRD	DDR	BRD	DDR
1961	565 000	92 000	41,0	5,1		56
1962	550 000	87 000	42,1	4,9	77	56
1963	547 000	76 000	42,8	4,2	78	56
1964	599 000	76 000	47,6	4,0	79	52
1965	568 000	68 000	46,2	3,5	81	52
1966	581 000	65 000	47,9	3,4	83	52
1967	549 000	76 000	45,9	3,9	84	51
1968	520 000	76 000	43,5	4,1	84	54
1969	500 000	70 000	42,5	4,0	84	56
1970*	478 000	76 000	41,0	4,3	85	56

<u>B) Begriffe</u>

1) Produktivkraft[129], die: Produktivkräfte sind

- die Menschen, besonders ihre Fähigkeiten, Fertigkeiten und Erfahrungen,

- die Technologie und Organisation der Produktion, sowie die Produktionsmittel und

- das gesellschaftliche Wissen, insbesondere auch die Wissenschaft.

2) Eigentumsverhältnis, das: „Als Eigentumsverhältnis wird die allgemeine Rechtslage hinsichtlich des Eigentums bezeichnet. Als Eigentum wird wiederum das dingliche und unbeschränkte Recht bezeichnet, frei über eine Sache bestimmen und über sie verfügen zu dürfen"[130]

3) Produktionsmittel, die: „Produktionsmittel sind in der Wirtschaftswissenschaft diejenigen Arbeits- und Betriebsmittel, die zur Produktion von Gütern erforderlich sind"[131]

4) Kommissionshandelsvertrag, der: "Bei einem Kommissionsvertrag handelt es sich um einen gegenseitigen Vertrag, der sich um eine Geschäftsbesorgung dreht. Auftraggeber ist hierbei der Kommittent, Auftragnehmer der Kommissionär. [...] Kommissionär [ist], wer es gewerbsmäßig übernimmt, Wertpapiere oder Waren gegen Rechnung eines anderen, des Kommittenten, in eigenem Namen zu verkaufen oder zu kaufen".[132]

5) Amortisation, die: Deckung der für ein Investitionsgut aufgewendeten Anschaffungskosten aus dem damit erwirtschafteten Ertrag

---

[129] https://de.wikipedia.org/wiki/Produktivkraft, zuletzt aufgerufen am 04.11.2019.
[130] https://www.juraforum.de/lexikon/eigentumsverhaeltnis, zuletzt aufgerufen am 04.11.2019.
[131] https://de.wikipedia.org/wiki/Produktionsmittel, zuletzt aufgerufen am 04.11.2019.
[132] https://www.juraforum.de/lexikon/kommissionsvertraege, zuletzt aufgerufen am 04.11.2019.

BEI GRIN MACHT SICH IHR WISSEN BEZAHLT

- Wir veröffentlichen Ihre Hausarbeit,
  Bachelor- und Masterarbeit

- Ihr eigenes eBook und Buch -
  weltweit in allen wichtigen Shops

- Verdienen Sie an jedem Verkauf

Jetzt bei www.GRIN.com hochladen
und kostenlos publizieren